# 給自己最好的禮物

## 李偉文最想與你分享的60句話

時報出版

# 目錄

## 在天籟下起舞－世界和我們之間

## 給時間一點時間—分享感悟



## 世事多變化—歌哭無常

## 也無風雨也無晴─細數典範

# 當我們遇見美好的事物時

多年來我一直有個習慣，每當生活中不經意地從報章雜誌、書本或電影，甚至與朋友的閒聊中，看到或聽到精彩的對話或句子，就會抄在活頁紙，甚至隨手撈到的小紙片上。

學生時代每學期開始也會在新的教科書與筆記本扉頁，慎重地抄下那個階段內心最有感觸的一些名言佳句，當作座右銘。

其實座右銘通常就是我們做不到的事，但是我們卻心嚮往之，也願意努力朝它前進。最近看到一個研究提到：讓事情留在你的視線內，是維持專注的關鍵之一。

延伸而言，我們以前以為老掉牙又八股的到處貼標語的威權時代，那些無所不在的政令宣導，在潛意識中對我們是有影響的。

這幾十年來，我已經累積了好多個塞滿紙條與活頁紙的抽屜，每年歲末準備換新的行事曆與記事本時，會從其中挑選幾句謄錄在扉頁，時時刻刻提醒自己，當作當年度課題。

其實在滿抽屜的紙條裡，並不都是那些道貌岸然的格言或八股教條，許多是有趣的，或者曾經深深感動我、引出共鳴的話語。這些句子讓我在困頓沮喪時重新振奮起來，也在我得意忘形時拉我一把，使我在人生路上得以用較清醒而有覺知的方式觀察著自己。

這本《送給自己最好的禮物》，是我從多年收集的句子中挑選了六十則，加上我自己的感想，所完成的一本書，我總覺得這些前輩們留下的生命智慧，是我們送給自己最好的禮物。

常會想起老朋友的消遣：「偉文寫的這些文章都是勸世文嘛！」玩笑戲謔中，雖然談不上貶意，但倒是表明了在這以娛樂消遣為主流的時代，寫這種「勵志」的文章，一則不合時宜，二則也算不上正統的文學創作，但是這二十年來，我在「荒野保護協會」裡所秉持的信念，不就是「分享」兩個字嗎？正如《少年小樹之歌》這本書中所寫的一段話：「當你遇見美好的事物時，所要做的第一件事，就是把它分享給周遭的人，這樣美好的事物才能夠在這個世界上自由自在地散播開來。」

我寫的這些勵志文章，不見得我自己做得到，但是一定是自己願意去做，並且也努力去做的，多年來我要求自己所寫的都是自己相信的事物。

寫文章的心情，與這些年來為保護生態環境而努力的感慨是類似的，從來沒有自信自己能獲得多少成果，只是覺得自己應該做，而當我做應該做的事時，可以讓自己心安，睡得著覺，活得自在。

每當新書付梓前夕，內心總會想起雨果所說的：「出版一本書，就像在荒島上向海洋丟出一只求救瓶，隨著天候潮汐，隨著命運，瓶中的稿子會漂向何處，何時落到何人手裡，我一無所知，正因為一無所知，所以充滿希望。」

是的，因為你，當你拿起這本書，看到我的分享，使我內心充滿了希望。

李偉文
2013.12.02

# 忘不了與記不住的

## ——人生相對論

# 確定與不確定

他們彼此相信是瞬間迸發的熱情讓他們相遇，
這樣的確定是美麗的，但變幻無常更為美麗。

波蘭詩人　辛波絲卡
Wislawa Szymborska

這是波蘭詩人辛波絲卡寫的詩句，改編自幾米繪本的電影《向左走向右走》就以這首詩串起劇情的主軸。好萊塢電影《美國情緣》也運用了類似的概念——篤信因緣的女主角，要求剛剛邂逅的男主角，把名字與電話抄在一張五塊錢美鈔上，然後在他面前把錢用掉。

她告訴他：「假如我們有緣分，我會再度拿到鈔票，我們就能再相遇。」把確定的，委之於不確定的；讓不確定的，來幫自己確定。

在生命中許多時刻，我們不都是如此嗎？尤其在自知渺小與無能為力的時候。在時空長河中，個人相較之下微不足道，永恆與瞬間也幾乎沒有差異。體會過生命的無常變幻，使我更珍惜當下的每個因緣聚合。

我們曾參加過許多活動，曾遇見過許多人，曾看過許多文章，曾和許多人談話，甚至趕赴許多約會，那些過往絕大部分隨風而逝、了無痕跡，但是我們也可能因為參加一場活動，聽見一句話，看了一篇文章，而使生命從此不同。

我祈願與每位朋友的相遇，都能成為彼此生命中不斷流轉的美麗因緣。雖然世事無常，但我相信所有善的因緣與祈願，必將在人世間相遇，這種確定是非常美麗的。

在我們這個時代，從「不確定」的體會中找尋「確定」的信念，尤其重要。過去我們努力工作，績效不錯，即便沒有升官發財，起碼可以確保工作無虞，可是在現今這個不確定的時代，就算因為表現優秀，深獲老闆賞識，但是遠在幾千公里之外，少數幾個外國人開會決定增加哪個生產線，或要不要貸款給哪個國家，也許我們的公司就因此而倒了，我們也突然失業。

這種「不確定」在教養孩子上也開始困擾家長，在《小孩不壞》這部電影裡，那位困惑的家長說：「以前孩子出去會變壞，想不到現在孩子乖乖地待在家裡也會變壞！」在這個日新月異、科技進步的時代，孩子的世界，確實有太多父母親難以理解的問題。

現代人的生活已經離不開電子產品，社會的正常運作都仰賴這些科技生產，它們改善了我們的生活、滿足了我們的欲望，但是一般人對這些產品的運作過程或操作原理完全不瞭解，它們像是一個個神祕的黑箱子，我們只知道按下它的開關，享受服務與便利，可是當這些神祕的箱子沒反應，我們卻束手無策，甚至找不到能夠修理的人，只好整組丟棄。

我回想早年的科技產品，多是構造比較簡單的機械，可以看見每個零件的運行，因此容易修補。現今許多產品已經部份或完全進展至電子式，但是電流與電子訊號的運行，我們看不到也摸不到，所以一旦壞了，要修好一定得仰賴專家。再從製造方式來看，複雜又精密的現代科技產品，不再是某個天才躲在自家車庫裡，一個人就可以發明或創造的，往往必須由數以千計的研發人員，不眠不休地努力好幾個月，甚至好幾年才能夠完成，接著透過工廠的自動化生產，大量製造出沒有人得以一窺究竟的「黑箱」，這也就是心理學家所說的「黑箱憂鬱症」。

最近這幾年好多朋友在忙碌工作之餘，特地撥出時間學習跟謀生完全無關的技藝，有的學木工，有的刻印章、做卡片，有的學拼布，有人在住家陽台經營一個小小的蔬菜園，甚至有人租了一塊地種起田來。這股「親自動手做」的風潮，不見得是一窩蜂的趕流行，大家或許是想安撫心中因時代變遷、科技進步所帶來的不安。

許多動物實驗與人類社會學的研究顯示，由「不確定性」引發的困惑與精神壓力，會把人逼瘋。比如說這幾十年來不斷被引用的狗聽到鈴聲就分泌唾液的

「巴甫洛夫制約反應」，我們只注意到較高等的動物會被環境刺激所影響，卻沒看到相關的另一個實驗設計：當鈴聲與食物出現的關係變得不確定時，狗居然會精神錯亂。

面對似乎有規則，卻又常有例外的不確定狀況，狗都會發瘋，更何況人呢？不管從生理或精神的健康而言，我們必須找到方法舒緩「不確定」所帶來的壓力，這是每個現代人共同面對的課題。我想這就是「小確幸」近年來在台灣引起風潮的原因，每個人都希望在日常生活中追求一些「小小的，但是很確定的幸福感」，例如泡一杯好咖啡、做一趟小小的旅行，都是自己可以給予自己的小確幸。

電影《美味關係》中有一段令人印象深刻的話：「你知道我喜歡烹飪的原因是什麼嗎？因為當下班後一切都不明朗，但我回到家時，可以非常確定，把蛋黃、巧克力、糖和牛奶混在一起會變得黏稠。那是一種安慰！」

當我們清楚地看見每一個步驟，當我們獨立創造一樣東西，整個過程的確定性可以讓我們非常安心，從而感覺到自己的存在和與這個世界明確的關係，這種篤定讓我們的嘴角上揚，產生小小的幸福感覺。

# 堅持或不堅持

我一向對人說，我什麼都不做，只做豆腐，
因為我是個純賣豆腐的人。

日本導演　小津安二郎

這一段話是日本導演小津安二郎，拍完他最後一部作品《秋刀魚之味》時所說的。小津導演雖然是享譽國際的大師級導演，但是相信很多人，大概無法看完他的電影，因為他的電影，情節非常單調，沒有精彩故事所具備的衝突、懸疑，而且影片的節奏太慢太慢了，拍攝的運鏡也單調，幾乎毫無變化。觀眾就像靜靜不動，坐在房間的角落，看著平凡的老百姓，過著平凡單調的日子，影片結束時大概會浮現一個疑問：「這就結束了嗎？」更有可能的是，你根本無法看到結束就睡著了。

用這種方式拍電影，怎麼會變成大師？這是另一個問題。倒是他說「我只做豆腐」引人深思，的確，他一輩子拍的電影，幾乎有著一模一樣的樣貌，一模一樣的原則。

或許，正是因為他的堅持，成就了他一生的傳奇。可是我們也知道，在典範轉移迅速的時代裡，我們不改變，也許很快就被淘汰，那麼在「堅持或不堅持」之下，我們該何去何從？

我們該堅持追求夢想而三餐不繼？還是該務實地妥協，謀求溫飽？

記得有次到上市的電子大公司演講，題目是「傾聽自己的鼓聲」，講完後有一位電子工程師勇敢地問我：「我知道自己的興趣與熱情是什麼，因為只要放假，我能去賞鳥，觀察大自然，就快樂得不得了，而每次上班坐在電腦前，就充滿了焦慮煩躁。但是假如我辭職去追求自己的夢想，是沒辦法養活自己與照顧家人的，請問我該怎麼辦？」

當時我很明確地回答他：「我建議你繼續上班賺錢，因為你已成家立業，有你必須擔負的家庭責任；但是我也提醒你千萬不要放棄追求夢想，因為你還是有下班時間，還是有週末假日，只要每天花一點時間，每到週末假日不要錯過，當你一天天，一個月一個月，一年又一年持續地做下去，原本業餘的興趣就會變得很專業，有了一定的專業，就能變成謀生的工作，到時候就可以自然而然地轉換跑道了！」

很多人都高估了一年可以做的事，常常因為遭遇什麼情境或鼓勵而奮發圖強，定下許多偉大的計畫，可是一旦忙碌或習慣因循，沒達到原訂目標，在沮喪挫折之餘就全然放棄夢想，不知道只要持續做下去，三年、五年、十年，成果是難以想像的。換句話說，很多人低估了十年可以完成的事。

千萬要記得累積的力量，「行百里者半九十」這句古老的名言，正以較誇張的比喻，要我們堅持下去。

到底什麼該堅持？什麼不必堅持？

就如同我最欣賞，也奉為座右銘的孔子訓誨：「毋意、毋必、毋固、毋我。」在面對外在事物或與人往來溝通時，盡量隨順眾生，不偏執、不專斷，而且還要不斷學習。外表形式可以不堅持，但是核心能力要堅持，為人外圓內方，自己心中有把尺，心中有個使命。那個永恆不變的追尋，不見得要讓別人知道，更不該成為阻絆我們與外界和諧相處的理由。

我們不必把「堅持」掛在嘴裡，但是假如一生將屆，旁人才恍然大悟，原來你「是個純賣豆腐的人」，那就是堅持與不堅持的最佳平衡！

# 忘不了
# 與記不住的

忘不了的人和事，才是真生命。

國學大師　錢穆

記憶很奇怪，有時候我們想忘掉的事，卻不斷前來糾纏著我們；有時候很想記住的事，卻偏偏一點印象也沒有。更多時候，當年以為重要得不得了的生命里程碑，現在回顧卻雲淡風輕，了無痕跡；反而是一些偶然碰觸的吉光片羽，卻鮮明得宛如昨天才發生。

我同意國學大師錢穆先生所說：「忘不了的人和事，才是真生命。」

或許，也正如靈修大師奧修所比喻的，學劍要花二十年學到出神入化，然後再花二十年把所學忘掉，等待四十年後，忘記的那些東西就會變成身體的一部分，那時候，你就能夠達到無敵的境界。

那麼，我們腦海中有多少忘不了的人和事呢？

我想，我們只對用過心、流過血、流過汗，傾全力付出過的事物，才會印象深刻吧！

記得台灣剛開放出國觀光旅行，當時最夯的行程是東南亞六天九國，或者歐洲九天十六國。台灣觀光客往往天剛亮，就匆匆坐上遊覽車，而那時候，外國觀光客才剛起床準備吃早餐。我們像蜜蜂採蜜一樣，忙著東飛飛、西逛逛，留下許多「到此一遊」的相片，等到深夜拖著疲憊身軀回到旅館時，那些老外還悠哉地泡在旅館的游泳池或吧檯裡。

一直到回國看一大堆相片，才疑惑：「咦！這是什麼教堂？」「這在什麼國家？」「這棟建築物有什麼故事？」一問三不知，幾乎等於沒去一樣。

因為沒有用過心，所以當然也就會忘掉了，跟人的相處也是如此。我們現代人一天可以遇到的人，恐怕比古人一輩子所能遇見的還多，但是現代人的孤寂和疏離感，卻是古人所無法想像的。

據說有些年輕人在網路交友或夜店狂歡，下床後才問：「請問你貴姓大名？」在親密的關係變得毫無關係的時代，那種讓我們忘不了的人，如何尋覓？

有道是：「太上忘情，其下不及於情，情之所衷，正是我輩。」

當人的情意和感受逐漸稀薄，我們的生命還剩下什麼？

我們來人間一趟，不就為了品嘗生命中的點點滴滴嗎？人的一生真正屬於我們的，不就是我們腦海裡的回憶？生命經驗裡珍貴的不是數量的多，而是感受的深，忘不了的人和事，才是真生命！

# 有用與沒用

我覺得電影是一件沒有用的東西，而我是一個沒有用的人。一個沒有用的人做了一件沒有用的東西，卻可以給別人帶來一些樂趣。

導演　李安

這段話是許多年前，導演李安在接受採訪時所說的，它經常在我陪伴孩子，或到中學、大學演講時，浮現我腦海。

李安的努力與成就是大家有目共睹的，他不斷追求突破並克服成長過程的挫折，但從這一段坦白得令人訝異的話裡，我們知道，當時他內心來自父親的創傷，還沒有完全復原。

李安的父親是明星高中的校長，李安卻接連二年大學聯考都失敗，最後只好去讀專科學校，畢業後他到美國讀電影科系，卻找不到工作，連續六年失業在家。

通常當老師的人，對自己孩子的學業成績，要求比較嚴格，何況是一個明星高中的校長？李安面對這樣的高度期待，一次次令父親失望，即便他後來在國際矚目的影視領域，也是全世界最夯的文創產業火車頭，大放異彩，也無法完全改變父親對他從事的行業——沒有用的東西——的深刻印象。

我不斷地提醒父母和師長，不要太早論斷孩子有沒有出息，也不要以自己的價值，來左右孩子去選擇「所謂比較有出路的行業」，或者對孩子有興趣的領域，投以不屑和輕視的眼光。

美國前教育部長理查．萊利曾經在二〇一〇年講過一段引人深思的話：「今年美國最夯，需求量最高，待遇也比較好的幾個行業，在五年前根本還沒有出現。」

的確，現在時代變化太快了，沒有任何一個人知道，五年後這個世界上還有哪些行業存在？而哪些新的行業會出現？在典範快速轉移，豬羊變色的情況下，如果真心為了孩子好，應該鼓勵孩子追求自己的興趣，並且從成功的經驗中建立自信。

我常常想，有多少孩子在受教育的過程中和李安一樣，因為父母與師長的過度期許，在痛苦又壓抑的狀態下長大？我最痛恨大人問：「讀這本書有沒有用？」、「讀這個科系有沒有用？」他們正用一種既功利又現實，而且古早的價值觀來要求孩子。

更令人遺憾的是，許多孩子在父母長期洗腦下，也養成了以「有用」或「沒用」的角度來評估一切。

台大教授齊邦媛一次上課，教到她最心儀的浪漫派詩人濟慈的作品，她陶醉在詩中意境，恍然不覺時間的流逝。直到下課鐘響，她終於回到現實，在步出教室後，學生在走廊追上了她，問：「請問老師，這首詩下週期末考會不會考？」

齊教授說：「只覺得當下自己就會死在走廊上！」

這樣的功利心態也反映在大學的通識教育課程，學生只視其為可有可無的「營養學分」。可是當學生把大學視為職業訓練所時，大學也就失去了其為「大」的意義了！

英國文豪卡萊爾曾說：「太陽不能點燃香菸，但那不是太陽的錯。」的確，若是太陽真的能點燃香菸，那也不過具備火柴般的功能而已，有什麼稀罕？我想，每個人心中熱情追求的事物就是太陽。

難道一個人要成功、賺錢才是有用的？

我們是否總以頭銜來炫耀自己的價值？

人為何對自己失去了自信？

人為何必須藉由外在事物，證明自己有用呢？

當然，父母對孩子的期待是為了孩子好，但是當父母不知道，現在已經與二、三十年前的世界完全不同，這樣的期待對孩子反而是一種沉重的負擔。

我不禁想起，某次應邀到中部某著名私立中學畢業典禮致詞的經驗。每年這時候，他們的校長都會扮演一個不同的角色，從星際大戰到鋼鐵人、美國隊長……等等，每年畢業前三、四個星期，大家就會爭相猜測，校長又會扮演什麼？結果那年出乎大家意料的，校長居然以本來的面目出現。原來今年的主題是「做自己」，其實這個謎底在一個星期前已偷偷揭露，在操場邊豎立了一個大大的牌子，寫著：Discover yourself。

因此我那年的演講就扣著這個主題，我說：「大家千萬要小心提防父母長輩給你的建議，假如你們想要過個精彩、熱情的人生，就不該聽從父母長輩給你的生涯規畫。他們太愛你們，太關心你們，害怕你們受到挫折，怕你們太辛苦，所以希望你們走一條安穩的路，但是這是你們自己的人生，要過得快樂而精彩，一定要做自己！」

我也提醒他們在學校要多參加活動，從活動中結交一些好朋友，這些曾經共同努力、共同患難，具有革命情感的好同學，將會是陪伴此生的好伙伴。另外，要持續閱讀，讀一本一本的書，從經典書籍中建立知識的體系與架構，而不是只在網路上東看看、西看看。同時，要保持運動以及規律的生活習慣，有健康的身體，才是一切學習的根本。

真實人生是變幻莫測的，這個世界變化愈來愈快，我們幾乎不可能知道現在所學的知識或技能，哪一些是將來能夠派得上用場的？哪一些是很快被淘汰的？每個人只有不斷地學習，才能適應未來的世界，所以有健康的身體以及勇於做自己的求知熱情，是我們必須擁有的最重要與最基本的能力！

# 長得像或長得不像

從如此簡單的開始，最美麗、最神奇、無窮盡的生命形式，不斷演化出來，此時仍在發生。

英國生物學家　達爾文
Charles Robert Darwin

默片時代，喜劇大師卓別林曾經匿名參加一個「卓別林明星臉」的比賽，不過他居然落選。他的外型特徵非常明顯，瘦小身材，留著仁丹鬍，穿著寬大下滑的吊帶褲，手拿把拐杖，正因為太有特色了，辨識率非常高，所以很容易模仿。

這個卓別林不像卓別林的故事，不只是我們茶餘飯後的笑話，而是一個重要的生命隱喻——我們愈來愈不像自己。我們或許離原本的自己愈來愈遠，或許想像的自己與別人眼中的自己，根本是兩個模樣。

近年常在網路上收到朋友傳來的，所謂「正妹」的相片，也聽過有人感慨，韓國選美怎麼每個人都長得一樣！這也是我的疑惑，不只是韓國美女，我看所有網路流傳的正妹相片，幾乎長得一模一樣。

我年輕時當然也喜歡看賞心悅目的美女，可是當時每個人美得都不一樣，有各自的特性。

簡單講，過去的人美得有個性，現在美得沒個性。

為什麼會愈來愈像？是不是無遠弗屆的網路與即時訊息，把全世界同質化、單一化了？於是所有東西看起來都一樣了。

這使我想起「荒野保護協會」常舉辦的自然解說活動，不管大人或小孩，剛接觸大自然，想作自然觀察時，首先遭遇到的困難就是找不到東西，除了不會動的植物之外，似乎看不到會動、會跳、會飛的生物。

即便是青蛙，生活在草叢中的就跟水溝中的不一樣，甚至溪邊石頭堆裡的青蛙，長得就跟石頭一樣。通常我們會簡單地以「動物有保護色」就一語帶過，而忽略了所有生物，包括人類，與周遭環境之間的關連。

著名生物學家道金斯在回答「人究竟是什麼」的問題時表示：「在一八五九年之前，所有針對這個問題的答案都是錯的。」道金斯指的是一八五九年達爾文發表「物種源始」，才將人從上帝創造的高高地位，拉下來與所有生物位在同一個演化的位置，改變了人類看世界的觀點。

其實達爾文本人沒有說過「適者生存」這句話，他是說：「生物在繁衍後代過程中會有變異，當環境資源有限時，具有某些特徵的個體，會有比較好的生存機會，經過許多世代之後，就會形成新的種類。環境本身並沒有優劣好壞之分，只是恰恰好形成，沒有特殊目的性，換句話說，有那種環境，就會恰恰好有適合那個環境的物種存活下來。」

從演化論的另一方面來看，所有物種都會變得跟環境一樣，人類也不斷地適應著環境，而環境也不斷地改變著人。

最近這些年的腦神經科學或基因工程學，有許多報告發現，即便到分子這麼基礎的結構，基因還回應著不斷改變的環境。原因是，控制某一個性狀表現的基因，其實不只一組，除了顯性之外，還有隱性的，當碰到不同環境時，原本被抑制的隱性基因，被解開變成顯性，我們的肉體外觀也隨之改變。

台灣的年輕人不結婚、不生孩子的愈來愈多，養貓養狗當寵物，整天抱著一起吃、一起睡，甚至還幫這些寵物穿衣服，綁頭飾。仔細看這些朋友抱在懷裡的貓或狗，居然跟主人有七、八分神似呢！

在生活中，往往也能看到結婚後的夫妻愈長愈像，我們稱為夫妻臉，即便身為萬物之靈的人類，不必經過漫長的演化世代，也能在短短的時間內改變，這不全然來自於基因後天的變化，而是早就被設定在人類演化裡的本能。

我們神經系統裡有「鏡像神經元」。大腦神經幾乎沒有意識地不斷模仿，我們周遭的人做某些動作，我們腦中控制那動作的神經元也會被活化，這種本能的模仿，是群居生活的人類生存的條件，幫助我們與其他人類建立連結，產生彼此是自己人的情境。我們的祖先在大草原狩獵時代中，若被團體排斥，或與別人不一樣，是無法獨自存活的。

到了文明的現代，被團體排斥並不會危及生命，但是古老的本能似乎一直影響著我們，包括我們的「從眾心理」。

因為恐懼被排斥，我們不願意跟別人不一樣。

有一個很著名的心理學實驗，研究人員告訴實驗對象，他與房間裡的所有人將一起接受測驗。但是實驗對象不知道，房間裡其他人都是研究人員雇來的演員。測驗題目非常簡單，答案也顯而易見，但是當那些演員一個一個回答錯誤的答案時，實驗對象開始覺得困惑，但是非常奇怪的，大多數的實驗對象沒有堅持自己對的答案，反而跟隨其他人錯誤的答案。

這種「從眾心理」的力量比我們想像中強很多，在一個團體中，尤其面對面處在同一個空間，要特立獨行、與眾不同是非常困難的。

除了從眾心理之外，還有一種「團體的迷思」現象。在一個有高度凝聚力的團體中，有時候為了尋找共識，常常會堅持團體的決策是正確的，而忽略不同的聲音，因此往往形成極端的意見。一件事情的決策，在經過眾人討論之後，往往會比個人單獨決策時，更趨向極端的決定，也就是激進的會更激進，保守的會更保守。換句話說，中庸或多元的意見完全不見了。

從歷史經驗中，我們會好奇，為什麼許多有智慧又正直的人，會附和那麼離譜的意見？原因是人處在團體的壓力情境中，我們一方面怕被排擠，另一方面我們也擔心，如果提出與所有人不同的看法，其他人是不是會懷疑我們的智商、能力或品味？當然，也可能因為不想耽誤大家時間，或打亂事情的進度。總之，要獨自反對你周邊所有人的共同意見，是極為困難的。

一個有想法的人，在跟隨眾人意見之後，會歷經幾個不同階段：首先是表面雖然順從，但是內心不服氣，也就是口服心不服；再來是內化階段，往往為了自尊，不想承認自己怯懦沒骨氣，進而調整自己的價值觀，也就是口服心又服；最後會認同，因為集體的氛圍或共同對抗不同團體的緣故，我們終於將自己的主體意識，融入團體意識了！

不管從演化上或從心理學的研究都證實，我們很容易受環境，或人與人相處的情境所左右，只有認清這些迷思，然後時時提醒自己，才可能超脫這些本能的影響。

正如達爾文《物種源始》最後一句話所寫：「從如此簡單的開始，最美麗、最神奇、無窮盡的生命形式，不斷演化出來，此時仍在發生。這種生命觀，有它宏偉壯麗的一面。」人類的智慧與想像力的發展似乎漫無止境，但是人類又受限於演化生存適應中的壓力，保留了許多本能反應。如何不陷入這種集體決策的困境，是人類社會巨大的挑戰。

# 夢想與現實

我們因有夢想而偉大。所有的偉人都是夢想家，他們在春晨的柔霧裡，或是冬夜的爐火邊作夢。

美國前總統　威爾遜
Thomas Woodrow Wilson

這一段話是美國前總統威爾遜所說的，其中「因夢想而偉大」一句，數十年來不斷被引用，也鼓勵了無數在困頓中的人們。

有夢想的人，不會被當下身處的現實所侷限，能激發出自己的熱情與鬥志。因此，我們要鼓勵年輕人、鼓勵孩子，相信夢想，相信自己內在的力量，不管是不是可以達到世俗所謂成功的標準，但我們的生命將因為實踐的勇氣而活得精彩！

在此之前，我們必須克服來自周遭世界的影響，因為在現在這個物質太過豐盛的時代裡，很難培養出過往單純時代的專注力。現代人的選擇太多，理想卻太少，堅持的力量也不夠。

我們可以發現，活得熱情且充滿活力的人，他們所做的事，都朝著自己的夢想前進。他們相信這個世界應該被改變，同時也願意相信社會是能被改變的，這種相信所產生的力量能幫助我們克服困境，讓我們覺得只要再往前走一點點，就可以把事情變得更好。

除了政府部門之外，有許多民間的基金會，提供各種獎金幫年輕人圓夢，我曾經擔任過幾個不同單位的甄審委員，在與孩子們的問答中，的確也看到他們眼中的光芒。

不過後來我比較關心的是，當一個人有了夢想，卻遭遇了挫折，他能不能堅持下去？當他們體驗到真實社會的現實與無情時，還能不能繼續保有純真的夢想而不至於變成憤怒青年？

記得很多年前曾經看過一個故事，史英教授在推動人本教育的過程中，曾遭遇許多挫折、許多阻力。有一次森林小學的學生，看見史英似乎有點討好地向那些他們很不屑的、總是架勢十足的官僚鞠躬，感到無法理解，於是史英向學生解釋：「他們不是壞人，他們只是無知的人。他們也是成長經驗不佳的人，他們在幼年沒有接觸過愛與尊重的環境，因此，他們不自覺地把幼年的經驗拿來複製，就這個觀點來看，他們的威權心態，他們做的所有不講理的事情，都是值得同情的。」

史英也曾經對即將進入普通國中的森林小學畢業生說：「如果你們真的有信心，真的有自主性，你們就不會痛恨一個人，會比較同情他，這種同情就是關懷，就是人本主義最重要的根基。」

年輕人會在追尋真理的過程中，把不同意見的人都妖魔化嗎？在這言論愈來愈極端的時代裡，我有點擔心。

雖然鼓勵一個人追求遠大的理想是一件好事，但假如他真的沒有什麼天賦才能，或者現實條件實在不可能達到任何偉大的成就時，我們能不能讓他知道，即便平凡，也可以活得有尊嚴、有價值？

十多年前曾經看過一篇採訪林懷民老師的報導，他說：「我夢想做個台灣工廠的女作業員，她很年輕，只有二十六歲，住在一個租來的十坪大小的房子裡面，一個月的薪水只有二、三萬元，但是當她戴上耳機聽貝多芬時，她的內心無限寬廣。」

這段話讓我非常感動，一直銘記在心。我們是不是能在物質名利的追求之外，提供孩子一個精神世界？當他們萬一在真實世界不斷失敗，還可以在音樂、閱讀或大自然裡找到自己安身立命之處。

我也要提醒追夢的年輕人，夢想像孩子一樣，要養才會大，而且要好好養，才會長得好、長得壯，經得起風吹雨打。

夢想雖然抽象，但是隨著年齡，我卻愈來愈覺得：夢想反而是生命中最實在的東西。若是把夢想養成信念，就有實踐的力量。只要朝著夢想前進，體力上就算再疲憊、再辛苦也無妨，它是充滿興奮和喜悅，更過癮、更充實、更精彩的人生旅途。

有一首我很喜歡的小詩，我把它擺在案頭，隨時提醒自己，在此分享給大家：

如果你不抬頭看天上的星星，
你的夢就不會跟你走到天邊；
如果你怕冒險，
你就不會知道你的心如何跳舞；
如果你不相信奇蹟，
世界上的事，就多半與你無緣。

傳奇不是大人物才能創造的，每一個人都可以寫下自己的傳奇，只要心中有夢想，依循這個夢想前進，就能為這個世界增添一些光彩。

每個人身上都有太陽，只等你讓它發光。

# 成熟與天真

成長是痛苦的，因為成長的反面意義便是自我一部分的死亡，
而這一部分往往是年輕的、浪漫的，最值得人懷念的。

作家　白先勇

我們是什麼時候才突然發覺自己成熟了？是青少年時，第一次看穿大人道貌岸然神情背後的猥瑣？還是進入職場後，從訝異到接受組織裡不為外人道的「潛規則」？有的人將貪汙腐敗視為理所當然，視金錢名位比一切價值都還高，但他只認為自己變成熟了，總算不再幼稚天真！

不過，我想要的成熟，應該如余秋雨所說：「成熟是一種明亮而不刺眼的光輝，一種圓潤而不膩耳的音響，一種不再需要對別人察言觀色的從容，一種終於停止向周圍申訴求告的大氣，一種不理會哄鬧的微笑，一種洗刷了偏激的淡漠，一種無須聲張的厚實，一種並不陡峭的高度。」

這是一個不容易達到的境界，是一種看透現實世界後，願意重新相信人性真善美的赤子之心，也就是我想保有的天真。

換句話說，天真不是傻傻的，不是不懂人情世故，等著被別人陷害欺騙。我也覺得，單單只有聰明並不會讓我們幸福快樂，也不會讓我們的心靈平靜，反而是天真——也就是單純與信任——以及寬容與接納的心，比較容易使我們覺醒。

我一直很羨慕一種人，他即便看見人生第一千次落日，卻仍擁有第一次的感動。因此，我提醒自己接觸任何人、到任何地方，盡量保持初次相遇般的好奇，也如同生命最後一次見面一般珍惜。

記得「荒野保護協會」二十年前剛成立沒多久，我們就開始培訓「推廣講師」，讓這些發心願的志工到全台灣各地推廣保護環境的理念。其中，從荒野籌備就參與的資深幹部汪惠玲老師，她跟我透露，每當她要去講早已熟悉的教材的前一晚，會靜靜地再回溯自己參與荒野的初衷，希望到了演講現場能夠讓自己的熱情感染民眾，而不只是照本宣科，講一些大家早就聽爛了的口號。

這就是從成熟再返天真的歷程吧！

# 主流與邊緣

你必須學習接受別人的排斥，同時學習如何排斥別人的接納。

美國科幻小說家　雷．布萊得柏利

Ray Bradbury

人類是群居的動物，地球上群居的動物都有一個共通的屬性——只要與別人稍有不同或被群體排擠，就會死亡（或者最先被捕獵）。因此，來自於演化的制約，形成人在潛意識，由於對死亡的恐懼或對生存的欲望，總是盼望跟別人一樣，或者被別人接受、認同，甚至肯定與欣賞。

因此，相對於在無可奈何下承受別人的排斥，要主動排斥別人的接納是非常不容易的。不過，若是我們要獲得思想上真正的自由與獨立自主，就必須審慎地省視別人的接納。曾有人提醒，若想保有自由，除了不當別人的奴隸之外，也不能當別人的主人，我想兩者的意思是一樣的。

記得很久以前看過侯孝賢導演的訪問，他提到若是拍片過程太順利時，他就會警覺，然後想辦法出點狀況。這樣主動替自己找麻煩，是古代成語「居安思危」的積極版。因此，我也常常提醒自己，要不時從主流退到邊緣，要能逃離掌聲與肯定，歸零之後審視自己。

多年前，聽到一位「荒野保護協會」志工轉述他朋友半開玩笑的消遣：「我看啊，會參加荒野的人，都是社會邊緣人！」我有感而發寫下：「我只要走在生命的核心，就不在乎邊緣的事物跟不跟得上潮流。」所謂邊緣人、社會邊緣，是相對於核心，也就是社會主流的說法，但地球是圓的，理論上來講，所謂邊緣或核心，因你站的位置與視野高度不同，才有差異吧！

我相信那個人的話除了調侃之外，應該還帶著一絲羨慕，或者一點欽佩，至少這些荒野的志工勇於面對自己，勇於拒絕物質誘惑及社會主流價值。

近年常有人呼籲年輕人勇於追求自己的夢想，走自己的路，這裡強調的「自己」，大概也就是鼓勵年輕人，有勇氣拒絕主流，拒絕安穩舒適的既成道路，往邊緣，也就是少人走的路去開疆闢土吧！

在環境與生態的邊緣區域中雖然生物的數量不多，但這些個體都是牠們族群裡的先驅者，敢於接受新環境的挑戰。

曾經看過一個令人深思的研究報告。過去我們總是相信，當生存受到威脅時，物種往往會「撤退」回原鄉，也就是物種原始的棲息地、生存的大本營。物種在興盛期間，往外擴張占領的地方，應該都被棄守。那些棲息的邊緣地，不是牠們最理想的繁殖所，因此瀕臨絕種的生物，應該不太可能繼續在那裡生存。

結果最近「二百多個瀕危物種的調查研究」發現，我們的常識並不正確，這兩百多種物種裡的百分之九十八，只在原始棲地的邊緣找到，只有百分之二還存在原鄉的核心地區。

或許因為環境變遷與人類的破壞及汙染，讓原本最適合生存的原始棲地改變了，因此只有那些能夠適應惡劣環境，能開疆拓土的個體才能存活下來。

現今人類社會的變動，產業典範轉移的速度，比自然環境的變遷還快，前兩年的主流產品已不存在，過往很冷門的東西也許轉瞬變得最夯，因此我們不必預測，不必追逐主流，反而常常要提醒自己，讓自己往邊緣去冒險。

# 部分與全體

我們的身心是既為二，亦為一。

日本禪學大師　鈴木大拙

在西方啟蒙時代後，曾經對唯心論或唯物論有過冗長的爭辯。後來，機械論（也就是將整體拆成一部分一部分來研究）促成現代科學突飛猛進，包括現今民眾最關心的健康、醫療以及食物的營養成分，也都是在「控制變因」下，研究一個又一個元素。

可是，諾貝爾化學獎得主麥克林認為生命在本質上是雜亂的、繁複的、互相糾結的，而且經過動物或人類內在的生理和神經狀態，與外在生活環境永不終止地妥協所達成。她也很感慨，為什麼像「看法」和「信心」這樣抽象，在腦中難以定位的東西，卻能驅動分泌像可體松這樣實際的東西，進而發生變化。

其實遠在二千多年前，亞里斯多德就說過：「整體多過部分的總和，整體不等於部分的總和。」所以我們不能靠分析某些東西部分的性質，就來推論整體。

不過，部分與整體到底有何關係？是否如同鈴木大拙描述身體與心靈的關係，既為二，亦為一？

我很喜歡愛因斯坦所講的一段話：「人是整體的一部分，我們稱這個整體為宇宙，而人則是宇宙裡受到時空限制的一部分。人感受到自己、自己的想法與感覺，以為自己是跟其他部分分離的。這是一種意識的錯覺，這種錯覺是箝制我們的牢籠，把我們束縛在個人欲望裡，只對少數親近的人懷有感情。我們的任務應該是擴大我們的同情心，擁抱所有生命以及所有大自然的美好，將自己從牢籠中釋放出來。」

除了將自己的有限生命融入宇宙更宏偉的存在之外，在現實人生裡，我們如何將個人與他人做連結？在種族、宗教紛爭不斷，意識形態對立的時代，這恐怕是非常迫切的課題。

有人這麼說過：「若看局部，我們會築牆，若看整體，我們會築橋。」築牆或築橋來自於我們的視野，也來自於我們一念之間。

我們必須傾聽別人，然後找到與別人的共通點，這是築橋的第一步。

真正的傾聽不只是聽到別人表面上所說的，還要聽到他沒說出的情緒，比如恐懼、欲望或憂慮，同時也必須站在他的立場、他的角度，設身處去傾聽。然後，還要聽出他內在的神性——人類普遍對善與靈性的崇高追求。

當然，真正傾聽不容易，但是絕對值得我們耐心地學習。

# 看見與看不見

對一切萬物，重要的不是看，而是怎麼看。

古希臘哲學家　亞里斯多德

Aristotle

要真正「看見」，其實是很不容易的。

不管在求學考試中、從各種文本的閱讀中，或者從生活中，我們不斷地看，可以看到很多東西，但不一定真正看懂，可是當我們真正看懂之後（禪宗所謂的頓悟或許太玄了，但是我們常說的「體驗」或「體會」，庶乎近之），我們的視野與理解力，就會發生很大的變化。

我們往往只能看見自己想看見的，或者說，當我們不知道該看什麼時，就算東西擺在我們眼前，我們也視而不見。這正是大腦運作的常態，因為人們接收外在的訊息量實在太大了，所以大腦主要的工作，是不斷地過濾篩選，去掉不重要的訊息——我們之所以「看得見」一個東西，其實是大腦把其他東西都「抹掉」了。換句話說，當我們太專注看某樣東西時，就無法看見其他東西。

有一個很出名的實驗，一位著名的心理學教授，請幾位研究生分成二組，在辦公大樓的迴廊大廳互相傳球，一隊穿白色球衣，一隊穿黑色球衣。白隊只能傳給白隊，黑隊只傳給黑隊。影片拍攝長度不到一分鐘，在傳球開始二十秒左右，有一個穿猩猩服裝的人慢慢走進螢幕，捶打胸部，再慢慢走出銀幕，整個過程占影片約三分之一的時間。

教授在實驗者看影片前，先給了指令：「請數出白隊隊員互相傳了幾次球。」等看完影片，回答完之後，教授問：「你有沒有發現什麼奇怪的地方？」實驗者回答：「沒有。」教授再提示：「你有沒有看見一隻大猩猩？」

這段影片二十年來在無數的場合播過，不管是大學生、小學生還是社會人士，大概有一半的人沒有看到黑猩猩。提示後再讓他們看一次影片，他們都認為教授把影片偷換過了，因為猩猩這麼明顯，自己剛剛怎麼可能沒有看到！

你為什麼沒有看到黑猩猩？因為你正專注地數著穿白衣服的球員傳球，所以對其他黑色東西視而不見。

有個科學實驗，在小貓出生之後，把牠放進只有垂直線條的的環境成長（拿走一切水平線條），等牠長大一點，放入正常環境，發現牠看不見水平線、看不見桌緣（桌緣是水平線），走一走就從桌上掉下來。

我們在各種視覺遊戲中也經驗到，若沒有提示我們測試圖中有什麼東西，往往我們看了半天，也只看見凌亂的色塊縱橫交錯。

看見本身是必須經由學習的，不是有眼睛就能夠看見。眼睛看見一個物體後，將訊息傳到視網膜，然後傳到右腦，因此我們能察覺出現在眼睛前面的東西，但是當這個訊息進入我們的意識，必須經由左腦來判斷這樣的訊息是否重要，是否值得注意。如果左腦覺得重要，我們才能「真正的看見」。

我們除了直覺地看之外，還有一種「看」，稱為「觀察」。一般而言，「觀察」是主動而且集中注意力地「看」。或許很多人以為認真地看，仔細地觀察，拚命地記憶，就可以產生知識，其實並不如此。

教育哲學家卡爾．巴伯曾經說：「知識不是始於觀察；在觀察之前，人總是先有某些猜想。」他認為人類的知識不是起源於觀察或經驗，而是起源於猜想。因為猜想通常不能直接以觀察或經驗來檢驗，必須經由「推理」、「分析」，然後再以觀察所得的「事實」來驗證或反駁。反駁將再引發新的猜想，然後經同樣的思考過程，帶來新的反駁。人的知識，就在這樣反覆地猜想與反駁中，累積起來。

看完巴伯的說法，你是不是覺得不太能服氣？或許可以聽聽近代最偉大的自然觀察家——也是開啟近代生命科學的宗師——達爾文的說法：「我就不明白，那些心理不曾懷著一個理論（一種好奇或猜想）的人，為什麼要去觀察？」

換句話說，我們心中必須先有某一個問題、某些困惑，才會進行有意義的觀察，而不是東看看、西看看，這邊記記、那邊抄抄，心裡就突然產生了問題。因此，達爾文說：「所有的觀察，必定贊成或反對某一些觀點。」

巴伯也認為：「如果不是透過我們的感官，引起我們情緒的投入，外界事物在我們的理智或學習中是不存在的。」

除了眼睛不一定可以看得到應該看到的東西之外，我們也常常忽略了表象之外，我們所看不到的東西。

這些年來深深體會，一個理想要實踐完成，背後得有多少人投入心血。有些人被看見，有些人沒被看見，就像在一個組織團體裡面，看得見的是技術、制度、規章、業績、專業知識等，看不見的是人際溝通、理念想法、態度風格等。先不必講實踐理想這麼偉大的事，單單一個活動的完成，經常就得投入許多看不見的血汗，往往流了無數不足以向外人道的眼淚……。

「台上一分鐘，台下十年功」，當我們看見成功人物風光的那一面，再去看看他們背後的努力與辛酸，那才是完整的了解。

看見不一樣的東西，固然是一種學習，同樣的東西反覆地看，也是進階的歷程。禪宗的「看山是看，看山不是山，看山又是山」是一種修行，對於凡人如我們，只要懂得用全然不同的眼光去看，相信身邊再熟悉的事物，都將帶來全新的感受。

寫到這兒，我又想起小王子住的小小星球了，因為星球小，只要把椅子移動幾步，隨時可以看見白晝結束，暮色降臨。有一次小王子說：「有一天我看日落看了四十四次。」過了一會兒又說：「一個人傷心的時候，喜歡夕陽……」

帶著一生的準備前來
——勇敢做自己

# 帶著一生的準備前來

許多花都在想要開什麼顏色的花，只有一朵花一直在想要如何開最漂亮的花，結果隔天只有那朵花沒開。

民初作家　鹿橋

這是鹿橋《人子》這本書裡的故事，幾十年前看過後，一直忘不了。每當面對新的挑戰時，總會想起這個故事，勉勵自己不要以「還沒有準備好」當作逃避的藉口，正如李安導演的電影《飲食男女》裡的一句話：「人生不能像做菜，把所有材料都準備好了才下鍋。」

忘了哪一位企管大師說：「時機永遠不會成熟，當你覺得時機成熟時，其實機會已經過去了！」

看來我們必須永遠在「還沒有準備好」中心虛地前進。我在三十歲出頭，就與朋友開始籌備成立「荒野保護協會」，隨著組織的成長，每個參與籌備的創始幹部，都擔負超出自己時間與能力負荷的工作，有人跟我反應：「我喜歡當小組長，能力也只夠當小組長，你卻要我擔任群組召集人，覺得有點像少尉卻占了少將缺呢！」

到底該做哪些準備才夠？

住在我樓下的楊茂秀教授——「毛毛蟲哲學教育基金會」的創辦人——對於「準備」有很好的詮釋。每當他邀請別人演講時，總是會說：「不必針對這堂課有任何準備，但是，請帶著你一生的準備前來！」

真是如此！當你針對某一場演講或某個活動，準備太周詳，演練太多遍之後，臨場依慣性就會照本宣科，而忽略了與聽眾的心意交流或即興互動。這種隨機的火花，通常才是最精彩且最能感動人心的部分，因為我們沒有「一定得如何講」的準備，會專注地觀察與感覺現場的氛圍，這種專注、尊重及敬業，就是楊教授所謂的「一生的準備」吧！

在「荒野保護協會」的志工伙伴們身上，我的確看到這樣的現象——不管承諾之前多麼擔心害怕，事實證明只要肯踏出第一步，每個人都是能勝任的。我更可以確定，每個人身上都有太陽，而勇敢地承諾與行動，就能使太陽發光。

有一句被人濫用的詞語：「生命的潛能」，也常聽人家以「你有這個潛能」來勉勵別人，好像潛能是一種放在口袋裡的東西，你想用就可以拿出來用。

事實上，潛能並不存在人體內（像是你學會辨識動植物，你學會說英語法語的能力），潛能是存在人與人，或人與環境之間的一種關係（就像地心引力、萬有引力，是物體與物體之間的一種關係）。所以正確來說，不是我們在使用潛能，而是外在的人或物或情境，將我們的潛能「呼喚」出來。因此只有不斷地行動，不斷地與周遭情境互動，才可以表現出我們所謂的「潛能」——潛能並不是能關在房裡，獨自一個人修鍊或增強的。

我們除了生命職志的準備與努力之外，若真的沒有時間與力量參與社會服務，在我們生活周邊的小環境裡，我們還是可以保持著一種「準備好」的心情。一旦發現有人做好事，可以馬上以善意回應，好讓這顆善的種子有存活、萌芽、生根茁壯的機會。

不管我們自覺準備得夠或不夠，無論如何都要嘗試做善意的源頭、做播種的人，或許我們可能會「熱臉貼別人冷屁股」，或許我們播的種子會被踐踏，但也可能被呵護。

只要我們不斷地行動，縱使力量再微小，只要持續下去，終究會使世界不同。

有位歷史學家曾經這麼說：「不要誤以為，我們沒有辦法對抗世界上層出不窮的災難、不幸、不公、暴力；不要以為只有少數人有力量扭轉歷史，其實我們每個人都可以努力改善一小部分事件，所有行動將會寫入這一代的歷史。人類歷史是由各式各樣勇敢的、有理念的行動所形成的。」

我相信這段話。因為我從許多志工身上得到這樣的信心。

# 跨界的勇氣

直到人們有勇氣讓海岸線消失在視界之中，才能發現新陸地。

法國作家　紀德

Andre Gide

這幾年流行兩個標語，一個鼓勵年輕人「跨出自己的舒適圈」，強調冒險與探索的重要性；另外一個標語「跨界」，從藝術界擴散到企業及社會各界，大家開始重視它的重要性，在變化莫測及典範轉移迅速的時代，唯有不斷跨界的人，能帶來創新，能在這個競爭的時代活下去。

在以前，「跨界」不見得是被鼓勵的，每個專業為了保護自己的權威性，設下種種專業證照或者行規，以防止別人越界（不管是越界而入或越界而出）。這在學術界，或專門職業，情況更是嚴重。

在專業上跨界並不容易，但其實每個人都在生活中不斷地跨界演出。近年參加一些活動，主持人介紹我的時候，常常因為好奇而特別強調我的多重身分，人們疑惑，我怎麼能夠是牙醫師、作家，又是環保志工，而有興趣的領域似乎又非常難。

每個人原本就有多種身分。在工作職場上，我們往往是別人的屬下，同時又兼別人的上司；在家裡，我們既是孩子的父母親，同時也是父母親的孩子；在社團中是伙伴，在宗教團體中是兄弟姊妹，是同修；當然，我們也是城市的市民，國家的國民。

在每個角色中，通常我們能自然地轉換。

我知道主持人好奇的是，一個牙醫師怎麼會投入環保運動，也對於我如何在忙碌的職場工作與義工生涯中，調配時間，感到好奇。

對我來說，每個場域的轉換，就是心情的休息。

相對於看診，參加活動就是休息；相對於到處奔波演講，能坐下來專注地看診，也算是休息。我總覺得人活著就是要呼吸，不是在這裡呼吸，就是在那裡呼吸。因此，不管是躺在床上，或是看書，或是參加活動、看診，對我而言都是一樣的，沒有哪一件事一定是休息或工作，沒有哪一樣比較輕鬆或勞累。

會參與那麼多不同類型的活動，一方面是興趣，另一方面基於使命感。

擔任「荒野保護協會」祕書長與理事長十多年期間，有不少志工幹部問我：「為什麼要參加許多與荒野看似不相關的會議或活動？」他們知道我平日要工作看診以養家活口，再加上荒野為數眾多的活動與義工訓練，若是連一些與荒野，甚至與自然保育、環境保護不相干的聚會都去，我的身體怎麼受得了？

真的很感謝這些伙伴們的關心與貼心，但是大家無法感受到我內心的焦慮與隱憂，因為我這些年來深深體會到，台灣環境保護最重要的關鍵在環保團體之外！是在社會中百分之九十五以上，對環境不關心，也沒有行動的人啊！

我有好幾次親耳聽到官方、開發業者，或利益團體的人說：「反正他們環保團體，一定就是反對！」

一旦被認定「一定反對」，而且這些人只是「一小撮人」，那麼，我們這些環保團體，自以為代表「社會良心」的訴求，在有決策權的人心中，已不占有關鍵分量。他們根深蒂固地認為——你們這一小群不食人間煙火的環保分子，我們何必理你們，反正我們怎麼做你們都會反對！敷衍敷衍就是了！

相對而言，若是社會各階層人士，一些他們意想不到的人也表達反對意見時，官方或業者就會重新思考：「咦？連他們也反對，是不是社會大多數人都不贊成？」

這種意見的表達，愈間接愈是有效。太直接的話，決策者會以為這些裹著不同外衣的人，只是環保分子的偽裝，或是被環保分子游說、脅迫來表示立場。

所謂間接的，就像行銷學所談的「夏娃效應」——影響我們判斷與選擇的，往往是一些細微且不經意的事件。決策者周邊朋友的閒聊，或者所謂「枕邊細語」，那種一言半句的評論，反而勝過洋洋灑灑、數十點理由的環保團體說帖。

當我有了上述的體認後，我只有勉強自己把握機會，接觸與環保團體完全不相干的人，與他們作朋友（至少讓他們願意看你寫的東西，收你的E-mail），然後盼望他們在各自的生活圈中發揮「夏娃效應」。

這個世界該注意、關心的事情太多，而且每個人都有自己忙碌的工作與興趣，如何吸引別人的注意力，並進而為你所關心的事進一份心力？我想，先去關心別人所關心的，再找出彼此共通之處，才是較有效果的方法。

這正是我卸任荒野幹部之後，將絕大部分業餘時間，投入非荒野例行事務的原因。

# 美好的錯誤

要成為頂尖中的頂尖，
就表示你將在不斷犯錯中前進。

電影《捍衛戰士》

我們都很怕犯錯，因為在我們心中錯誤就代表失敗、代表輸給別人、代表會被淘汰，因此我們戒慎恐懼，唯恐犯下錯誤。

另一方面，怕犯錯的心態，來自於我們從小反覆練習測驗卷，期盼在每一場考試裡，都能夠迅速地寫出標準答案，獲得高分。每個錯誤背後，都充滿了對成績不如人的恐懼。

其實在這個變動的世界裡，根本沒有永遠不變的標準答案。如果我們希望在人生中不氣餒，或許就要有願意犯錯的勇氣，從失敗中學習，而不是祈禱自己永不犯錯。人往往因為有完美傾向，所以一有失誤，就陷在懊惱的困境裡，反而阻礙了我們從中學習的機會。

我覺得從邏輯上來講，沒有所謂「錯誤」這回事，只有「結果」。因為沒有人會故意犯錯，每個選擇都是當時覺得最好的判斷，與最適切的行動。之後不如預期，也許肇因於我們無法掌控的時代變動，所以不必為當初的決定而懊惱。

另一種情況，若當初明知結果會如何，還故意去犯錯，那還能說是錯誤嗎？

我們不該把錯誤當錯誤，而該平心靜氣地從每個「結果」中學習與思考。仔細想想，人類文明進展中，許多重大的發明或觀念技術的突破，不都來自於「錯誤」？也就是原本沒有預期到的「結果」。

歷史上有一件非常美好的錯誤。

成立「諾貝爾獎」的諾貝爾先生，因為發明炸藥而致富，他總是告訴自己，他發明的東西，對人類福祉有很大的貢獻。有一天，他在報紙上看到自己的訃文，更糟的是，記者不但誤發了他的死訊，還加了一些蓋棺論定似的評論：「這個人發現了前所未有的方法，可以快速地殺死許多人，而且因而致富！」

記者將在法國旅行途中病逝的諾貝爾的哥哥，誤以為是諾貝爾本人，而搞了這個烏龍新聞，不過也正好讓終生反戰的諾貝爾，看到別人是如何看待他的——「靠死亡而致富的商人」。這實在讓他無法承受，他發誓絕對不要在別人的記憶中留下這樣的形象，因此他把財產全部捐出，成立了「諾貝爾獎」，用以促進人類科學、文學與和平的進展。

像這樣美妙的錯誤其實非常多，我們應該以好奇，甚至以歡喜的心情，接受一切我們預料之外的結果，並且從中獲得深刻的體悟，就像電影《捍衛戰士》裡的一句對白：「要成為頂尖中的頂尖，就表示你將在不斷犯錯中前進！」

# 人不癡狂
# 枉少年

在世上，享有一點點無害的小樂趣，是有益身心的好事，這能強化人的身體，讓人像個人，防止人變得刻薄。

美國作家　馬克・吐溫
Mark Twain

有天晚上坐在陽台看夜景時，忽然聽到樓下客廳傳來〈再別康橋〉、〈小雨中的回憶〉這兩首歌，我的思緒一下子又跌回三十多年前的高中時代。

有人說：「眷戀一首老歌，其實是想找回那時候的自己。」

每個人回憶中的青春時光，大概都是令人懷念，乃至於心疼的吧！有一首歌詞提到：「常常忽然想起年少浪漫時光，大伙聚在一起做些瘋狂的事情。就算現在還有這樣的心情，這樣的朋友不會再有……」

我常常想再瘋狂一下。記得中學時代，書桌上的紙鎮貼著一句話：「亦俠，亦狂，亦溫文；有書，有劍，有肝膽。」這是我年少時的自我期許！

我有時候覺得自己一不小心就變成「有理想、有使命的熱血青年」，很多朋友看我花費時間，從事非常有意義的公益活動，而寫下的文章，又都是道貌岸然的「勸世文」，不免猜測我是個「枯燥乏味」的人。哎，大家都只看到一部分的我，其實我是非常愛玩、非常愛開玩笑的人。

以前自己刻了一個閒章「人不痴狂枉少年」。步入了中年之後不敢再用，怕別人說：「這人老了，一直提當年勇。」其實不是，因為我心底想的不只是人不痴狂枉少年，而是「人不痴狂枉中年」啊！

大學時代的我，參與的社團或活動，都是「仰之彌高」的理想性活動，比如，山地醫療、口腔衛生推廣服務隊、系學會，或是創辦童軍團。這些活動，理應是嚴肅又有理想的「有為青年人」才參加的。或許因此，大家不知道我喜歡開玩笑，當年學校有幾件「公案」至今沒破，也沒有人相信是我主使。

當年，每逢過年過節，我總會來個惡作劇，調劑、調劑醫學院沉悶的氣氛。頭些年是小規模的，後來愈玩愈大，以全校為對象，例如，註冊當天，是學校人最多的時候，我在前一天就會找一群同學，大家寫好各式各樣好玩的春聯，半夜穿著黑衣黑褲運動鞋，到學校各處張貼（比如，在教官宿舍門楣貼上「六畜興旺」），貼的時候我們都用疊羅漢的方式，貼到讓人撕不到的高處。

夏天不適合貼春聯，就改吹保險套，早些天從醫院的家庭計畫中心找來許多保險套，然後像吹汽球般吹得很大（真的可以吹得很大，你現在就可以試試看），還特地買鮮乳加在裡面，然後一樣用疊羅漢的方式，綁在大家一定看得到，但是又扯不到的高處。

據說當年教官們在低年級詢問了很久，卻不知是誰做的，他們哪知道主謀是——早就和他們「平起平坐」的實習醫生們。

這種不傷大雅的惡作劇，其實我在高中時代、在聯考壓力下，早已不時冒出來，甚至在成家立業之後，一有機會，總也會想要瘋狂一下。

就像《菜根譚》說的：「君子閒時要有吃緊的心思，忙處要有悠閒的趣味。」用輕鬆自在的心情過日子，懂得戲而不謔，開玩笑而不傷人，隨時提醒自己，調適生活上的壓力，這是在都市叢林裡，重要的求生之道。

我常常以自己的過往經驗來提醒自己，什麼是自己最快樂的時候？

每天我只要想到回家後，可以盡情閱讀一本好看的書，或者看一部好看的影片，就覺得活著真好！當然，除了看書看電影之外，生活中還有許多令人讚嘆、令人歡喜、令人感動的時刻。

仔細回想，記憶中印象深刻的事，往往不是關乎功名利祿的巨大榮耀，反而是生活中片斷的、人與人溫馨相待的互動。就像我回想多次國外旅遊，去過什麼教堂、什麼史蹟、什麼景觀，都已成為過眼雲煙，毫無印象，反而是在異國咖啡館無所事事的小憩，在街頭公園午睡、餵鴿子的悠閒，才是豐富人生意義的血肉。

因此，生活中實在不必被高潔的使命與意義填滿，不必衡量事物的價值後才去做，因為這樣將使生命窒息。

換句話說，人活著，偶而要「墮落」一下。看小說是必要的，喝點小酒是必要的，痴狂是必要的，秉燭夜談是必要的，正如我們必須努力工作，必須不斷求知上進，必須回饋社會，做有意義的事。

有一首西洋老歌這麼唱著：「於是我們乾掉這最後一杯，敬每個人的歡喜與哀愁，但願這杯酒的勁道，能撐到明天酒店開門。」

來吧，朋友們！為生命乾杯！

# 成功有祕訣嗎？

真正的祝福，往往以痛苦、失落和失望出現，
我們需耐心等待，不久就會看到它真正的面貌。

德國哲學家　叔本華
Arthur Schopenhauer

我一直很好奇，也很懷疑，當媒體或雜誌採訪所謂「成功人士」時，那些人所說的奮鬥歷程，或從小立志向上，百折不回的勇氣，到底有幾分是當年真正的情境？

我不是說大家在編故事或不夠誠懇，而是我相信，當我們回顧自己的過往時，常常不自覺地梳理出合邏輯，而且井然有序的脈絡，形成看似規畫好的劇情。但是假設我們搭時光機回到當年，真實的情況或許只是一個接一個的意外、一個接一個的偶然與巧合，有太多不可控制的因素，影響著我們當下的決定與結果。

因此，我不相信人生是可以規畫的，是像工廠生產線一般，把原料丟進去，預期中的產品就出來了。

這個世界太複雜了，對別人有用的方法，換個時間、換個地點，也許就完全沒有用。成功者有許多沒有透露的細節，或許那才是關鍵因素。更可能的是，一個人之所以成功，就是機運、機會與運氣，但是我們通常不太願意承認，而會把原因歸於自己努力的結果。

人類認知往往有盲點，包括把統計的相關性誤認為前後因果定律，也因為真實例子與證言，我們容易陷入「倖存者迷思」——僥倖活下來的人，講他們的故事，人們也只願意聽他們的故事，至於那些失敗者的遭遇沒人理會，就像沉船後，僥倖活下來的人，會說完全是因為他們虔誠的祈禱，神的大慈大悲大能力救了他們，可是那些淹死的人呢？或許也是虔誠祈禱的信徒。

換句話說，那些成功者所說的祕訣，搞不好失敗者也是這麼做，但是他們卻失敗了！沒有人能夠事前預言，但是一但成功了，誰都可以事後解釋原因。

我總覺得人要謙虛一點，成功後該感謝很多幫助我們的人，也要感謝很多我們不解何來的機緣助力，就像美國能源部部長、華裔科學家朱棣文所說：「成功的功勞不符合物理定律，因為每個參與的人，都占有百分之九十五的貢獻。」

我雖然不相信成功有絕對的祕訣，但我是以戰略、戰術的思考來看待：我們對成功者的目標或價值觀，也就是戰略，不見得要認同，但是他們採用的有效方法，也就是戰術，倒可以拿來參考。

哲學家叔本華提醒，因為人生充滿了各種偶然與機緣，所以不必太去追尋別人走過的路。

只要我們願意傾聽自己內心的鼓聲，走出自己的路，即便當下一片混亂，但事後再回顧，我們所有的遭遇都會是完美而適時的。

# 問題比答案重要

假如我可以拿一小時的時間，來解決一個攸關性命的問題，我會把前面的五十五分鐘用來決定應該怎麼問問題，因為一旦我知道什麼是正確的問題，就可以在五分鐘之內找到答案。

猶太裔物理學家　愛因斯坦

Albert Einstein

從進入學校開始，我們經常被大人反覆地耳提面命：「一定要用功讀書考高分，因為成績好可以讀好學校，考高分才可以獲得各種證照與資格，才能夠找到好工作，才能夠有幸福快樂的人生。」

要考高分，必須很快地寫出唯一的標準答案，在長期的考試訓練之下，我們不敢胡思亂想，而且老師上課為了趕進度，基本上是不喜歡學生問問題的，一個在課堂上不斷發問的學生，大概很容易變成老師眼中的「問題學生」。

在這樣的學習氛圍下，不僅我們天生的好奇心被抹殺，還使我們以為這世界上的一切事物都有標準答案，更麻煩的是，我們不再會問問題了，也沒有能力為自己的人生提出問題！

考試只能考既有的知識，但是面對變化迅速的時代，我們必須解決新產生的困境，創造出新的知識，所以在追尋的過程，一定要會問問題，也必須用探問的方式，找出新的結論。如果我們沒有能力問好問題，根本無法得到有用的答案。

管理學大師彼得杜拉克一再提醒大家，過去的領導者可能是一個知道如何解答問題的人，但未來的領導者，必將是一個知道「如何提問」的人，他要能找出問題的源頭、核心，不能先急著去找做法與解答。

在美國頂尖大學任教的婷娜．希莉格教授，提供了一個非常簡單的方法，用以打開自己思考的舊框架，那就是不斷追問：「為什麼？」

她舉例子，比如，請你造一座橋，你當然可以直接去找材料、找資源，想辦法把橋蓋起來，但是你也可以回過頭來問：「為什麼需要造這座橋？」

也許答案是：「我需要過河到對岸去，所以需要一座橋。」

這個回答打破了原先解決方案的既定框架，因為要過河到對岸，除了造橋之外還有許多方法，比如，搭船、拉空中纜繩，或者挖隧道……等等。

當然，還可以再追問：「為什麼想過河到對岸去？」出現的答案可以提供我們原先沒有想到的解決方案。

對於工作或學習，我們要懂得發問，其實面對人生也是一樣，我們必須每隔一段時間，停下來問自己一些問題，也許問題都一樣，但是隨著我們的成長或生命經歷，答案將會不同。

別忘了不斷發問，如胡適所說的：「於不疑處有疑。」劇作家席歐多魯賓講過一段，有點像繞口令的話，頗值得我們深思：「問題不在於問題本身的存在。問題在於預期沒有問題存在，然後覺得有問題是一個問題。」

問題比答案重要，因為人生沒有標準答案，能夠滿懷熱情與好奇，不斷向這世界提出問題，才會造就精彩生動的人生。

# 想到就去做

沒有任何事物比適時出現的念頭更有力量了！

法國作家　雨果

Victor-Marie Hugo

年齡愈長，愈能體會到時間有限，精力有限，自己的能力更是有限，因此我不再貪心，開始懂得珍惜一些平凡生活裡的平凡樂趣，也開始不再對未來有過多的期待。

我告訴自己：「想做的事情，現在就要去做。」

因此，馬克．吐溫說過的這一句話，被我慎重地抄錄在現在的行事曆上：「二十年後，你會懊悔更多的是那些現在沒做的事，而不是真正做過的事！」因此，我們要解開繩索，駛離安全的港灣，勇敢地探險！

日本的趨勢大師大前研一曾寫過一本暢銷書《想做的事就去做！》，他在企業顧問的經歷裡，看了太多的例子，許多忙於工作的人、在商場成功的人，老是愛談退休後的夢想，但是他們幾乎沒有人完成他們自己的期待。偶爾有一些幸運的人，順利且健康地享受退休生活，發現真的等到每天無所事事，再來做那些當年很想做的興趣或娛樂時，味道已經完全不對了！

因此大前研一的建議很明確，他希望讀者這輩子都不要說：「我以後要怎樣怎樣……」如果有「以後」想做的事，現在，沒錯，就是現在去做，想做的時候正當其時，沒有延後的理由。因為現在覺得快樂的事，上了年紀以後不一定覺得快樂。

更進一步思考，現在就做覺得快樂的事，才能學會年老也覺得快樂的生活方法，退休後就能成為真正的玩家，擁有快樂的時光。

工作能力要培養與學習，很多人忽略了，享受人生的能力也需要學習與經驗，何況一起玩耍的老朋友不能等「老」了才去找，而是從年輕時交往，才能變成「老」朋友啊！

現代人太忙了，不見得能夠想到什麼，就立刻能找出時間，或調配有限的資源去實現夢想。我建議可以在每天做一些小小的，卻又可以讓自己快樂的事，保持自己靈動活潑的心境。

記得學生時代很流行書籤與小卡片，上面印有一些名言佳句，我保留了一張當年頗受歡迎的卡片，上面寫著：

運用時間去工作——這是成功的代價

費點時間去思考——這是力量的泉源

花點時間去遊戲——這是青春永駐的祕密
抽點時間來閱讀——這是智慧的基礎
勻出時間來對人友好——這是通往快樂的大道
要點時間來夢想——使你挾泰山以超北海
找出點時間放眼四海——這是通往無私的捷徑
尋點時間去愛和被愛——這是上蒼的恩典
用點時間放聲大哭——這是靈魂的音樂

我們的確可以每天空出一點點時間，取悅自己，就像作家張讓所寫的：「晚飯後去逛書店，喝咖啡，這是可以無限重覆的簡單快樂。」

當我們擁有這種愉悅正面的心情，才會有信心去實現腦海裡突然湧現的想法，或者心中念念不忘的心願！

# 你所不知道的人生

所謂愛人，就是去知道，你所不知道的人生。

日本作家　灰谷健次郎

在魏德聖導演拍攝的《海角七號》掀起台灣電影的新一波復興前，有十多年，國片的票房市場以及影片製作量，低迷得叫人慘不忍睹。

我一方面因為喜歡看電影，另一方面出自對國片的關心，所以持續地注意台灣出品的各式電影，結果發現一個滿奇特的現象——台灣的劇情片往往沉悶不知所云，但是紀錄片卻相當生動好看。

原本可以天馬行空的劇情片，卻往往連故事都沒辦法好好地講，反倒是每一句對話、每一個鏡頭都必須真實的紀錄片，經過導演長時間的耐心等待，與後製的巧手剪輯，往往劇力萬鈞、緊張懸疑，精彩得不得了。

到底什麼是劇情片？什麼是紀錄片？兩者有什麼不同？

若說劇情片是虛構的，紀錄片是真實的，這樣的區分似乎不夠嚴謹，中間有很多模糊地帶。以文學著作來說，有人曾形容司馬遷的《史記》，表面算是歷史記載，可是司馬遷寫著寫著把神話傳說、裨官野史全都給寫進去了。馬奎斯的《百年孤寂》擺明是所謂的魔幻寫實小說，但是書裡對現實政治歷史的寫實性又令人驚訝！

如果以形式表現來作區分，劇情片有劇本，在拍攝之前，每個演員該講什麼話，該站什麼位置，必須有什麼布景道具，都是事先安排好的。至於紀錄片，在拍攝之前，無法預期將發生什麼事，無法預期被拍攝者會講什麼話，甚至場景也是隨機選擇，所以機會錯失是無法再重現的。

不過，若說紀錄片就是事實重現，那也未必。任何影像、任何訪談，只要經過選擇，經過剪接，就呈現了拍攝者個人的觀點，有觀點就有立場，就不會是完全客觀的事實。（唉，這是一個大哉問，究竟世界有沒有絕對的事實，或絕對的真理？）

我想會拍紀錄片，會去看紀錄片的人，大概是比較關切社會，關心弱勢，以及願意將關懷化為行動的人。我總覺得拍記錄片的人，非常具有使命感。台灣最可愛的地方，就是還有許多人願意傾家蕩產，投入自己的生命歲月，以一己之力去拍攝紀錄片，去紀錄住在台灣的人，以及人與環境互動的故事。

不管是拍攝者或被拍攝者，都呈現了台灣之所以為台灣的生命力。看紀錄片可以從影片所紀錄的小人物遭遇，窺見整個時代背景下的氛圍，那是一個真實的時代切片。而當我們真誠地進入他人的生命故事，理解了事件與社會或環境的關係，相信我們的眼光和看待事情的方式也會不一樣。

或許我們沒有辦法效法導演與相關工作人員，投入影片拍攝，也沒有多少錢可以捐助影片完成，但是，上戲院看電影，給予精神鼓勵與票房支持，總是我們可以做得到的吧！或者，若台灣的紀錄片有幸得以出版發行ＤＶＤ時，我們可以掏腰包，出個三四百元購買。

我們是不是可以給自己一個小小的目標，若沒有辦法常常上戲院看紀錄片，是否一年至少花錢買幾部紀錄片典藏，以示支持！

# 在天籟下起舞

——世界和我們之間

# 在天籟下起舞

共業唯有靠共願來化解。所有的孩子都是我們的孩子。

李偉文

「在這個變化快速的年代中，還有多少人對兒孫輩以後的事情懷有夢想？」這一段話摘錄自我十多年前寫給「荒野保護協會」裡，有興趣參與帶領兒童的志工的一封信，在這樣的感嘆中，幸好我發現，周遭多的是不死心的朋友，我們一同宣誓，我們願意長期投入兒童自然教育的決心。

有不少朋友問我：「到底你們『荒野保護協會』想做什麼？你生命中的夢想是什麼？」

仔細想想，其實我們的夢想是這麼單純，只希望大家能帶著孩子在天籟下起舞。我夢想，每一個在台灣長大的孩子，都有機會感受到台灣大自然的美好，讓大自然在孩子的成長過程中，成為滋養的來源。現在台灣的孩子，絕大多數住在都市水泥叢林裡、擁擠及危險的空間之中，我擔心孩子的視野只及於幾公尺之內，生活中接觸不到大自然，體會不到自然的生命力。

沒有被自然感動，沒有與其他生物互動經驗的孩子，長大後會如何看待其他生命？

從小沒有機會接近土地，沒有機會接近台灣鄉土的孩子，長大後會如何對待台灣的自然環境？

可以想像，等這些沒根的孩子長大，開始主導台灣的未來時，台灣會走向何處？

生物成長中有所謂「銘印現象」，比如某些種類的雁鴨在破殼出生那一剎那，出現在牠面前的生物就被視為母親。我們相信人類也有銘印現象，在孩子感受力最強的時候，若能給他正面且善意的情緒感受，這種感動的力量，乍看似乎細微不起眼，卻可能是一個孩子改變的契機，或是成長歷程裡生命力量的活水源頭。

我常常感慨，許多重要的國際會議召開時，各國領袖義正詞嚴地說：「我們要正視貧富差距的嚴重性，解決貧國饑餓的問題……」一轉身，在他們眼前的是成千上萬的龍蝦生蠔，一桶桶魚子醬、鵝肝醬……而在會場外，多少兒童在水溝、在垃圾桶裡找東西吃，以求活下去。

貧窮問題太複雜，牽連的政治、經濟與社會層面太廣，包括國際間的公平正義，還有全球化的盤根錯結，但是就算如此，我們還是可以盡一己之力做點事。

如何讓每一個孩子至少都能在基本的生活條件下健康地成長，如何讓孩子接受基本教育的機會平等，這兩項基本兒童權應該是以國家機制去保障的。在個人奉獻上，我們可以投入智識教育，濟貧救危，除此之外，我們還可以為孩子做什麼？在孩子成長過程中，物質與智識教育當然重要，心靈的健康也不可忽略。「荒野保護協會」多年來一直著力於兒童的自然教育，期盼在孩子的成長過程中，有機會讓他們感受到大自然裡的生命力。

我們身處於一個人人息息相關的世界，不只是全球化的關係，而是對於生存環境面臨的問題而言，往往是「別人在自殺，死的是我們」，甚至是「造孽的人已離開，留下的苦果由後來的人承受」，以佛家的話來說，環境問題是大家不得不面對的「共業」。

共業唯有靠共願來化解，所有的孩子都是我們的孩子。

我非常盼望，有更多人能為台灣弱勢家庭的孩子做點事，引領這些孩子認識台灣大自然的美好，同時藉由義工奉獻的熱情，讓他們感受到人與人之間的善意，那麼他們在往後面對物質困頓、人生挫折時，仍能夠對社會、對人世間存有一些信心，存有正面思考及努力的動力。

我相信這種對土地的情感與對社會的信心，將是我們能留給孩子，留給台灣未來生命，最好的禮物！

# 拯救荒心

人蒙受痛苦時，生態環境便蒙受痛苦。

美國前副總統　高爾

Al Gore

一九九二年在巴西里約熱內盧舉行的「地球高峰會議」中，美國前副總統高爾（當時他擔任參議員）講了這麼一段話：「什麼地方，人的精神被踐踏了，生態環境便蒙災難；什麼地方，人感到無力時，生態環境便蒙災難；什麼地方，人活著感受不出生命的意義和目的時，生態環境便蒙災難。換句話說，人蒙受痛苦時，生態環境便蒙受痛苦。」

這個概念與「荒野保護協會」成立時在策略定位上為「人間保育者」是一致的，我們當初有一個口號：「拯救荒野，要從拯救荒心做起。」因為破壞環境的都是人，只有改變人心才是保護環境最根本的方式。我們認為，人若是身心靈都完整而健康，環境就會健康。

「荒野」成立之初，我們就認定自己是一個「教育」團體，不管是環境議題、棲地保育或各種推廣活動，我們都以教育一個人、改變一個人的價值觀與生活態度為主要目標，所以我們用盡各種方法，希望讓民眾有機會動起來，繼而吸引他們進入「荒野」（包括荒野大自然與「荒野保護協會」），期待他們在這個場域中進行「團體療癒」，我們相信這是改變一個人行為最確切，而且有效的方式。

這些年「荒野」也以「溫柔革命」為策略，甚至形成組織文化。一般所謂的革命，通常以為自己掌握了真理，然後就態度強硬地指正別人。推到極致，甚至以強大的壓力，甚至暴力來達其所願。「溫柔革命」剛好相反，是從自己改變做起，透過尊重與包容，讓周邊的人因為親眼所見而改變，甚至留有空間等待。我覺得，這種內心的感動，才是真正且持久的改革力量。

「綠色和平組織」創辦人之一派翠克．摩爾博士，曾經這麼表示：「當多數人已經認同你的主張之後，就不必再繼續拿著棍子往他們頭上猛敲，應該坐下來與對方協商討論，尋求解決環境問題的方法。」

由「荒野」這二十年來關心的環境議題，我想到近年許多遊行示威活動，已經與過往的政治性議題或受害者的抗議活動不同，可以稱為公民行動。我站在整個社會改革或長期從事環境運動的立場來看，當然正面看待並視其為改變的契機。但令人遺憾的是，媒體或電視名嘴的評論，還是習慣用誇張、扭曲甚至妖魔化的方法，製造社會的對立。

其實面對複雜糾葛的社會環境與國際情勢，我們必須謙虛地承認，或許每個人都只擁有部分的答案，大家要互相傾聽，然後找到可以共同往下走的路徑。

以環境運動為例，這些年重要的環境議題，甚至牽涉到我們這個文明能不能永續下去，其關鍵是全球暖化導致的氣候變遷，以及經濟全球化導致的自然資源快速耗損。這些挑戰跟早年環保團體所著力的不同，以往我們討論如何保護某片森林、某條溪流或某個物種。過去我們對抗的是具體的單位，可以明確地施壓戰鬥，但是今天我們面對的敵人，不是別人，而是我們自己、我們的生活習慣、我們的價值觀，所以環保團體勢必得改採全新的戰術與策略。

若一味指責對方，把別人妖魔化，沒有辦法站在對方立場思考，沒有辦法深入瞭解對方的心理狀態，就很難改變別人。我總以為，環境運動除了恐嚇和羞辱想說服的大眾之外，應該還有別的方式可以採用，法門萬萬種，就像完整的生態系有不同的區位，也許彼此互補，都有不可或缺的重要性吧！

從小隨著父母親參拜各寺院廟宇，我就很納悶，怎麼一樣莊嚴的殿堂上，卻供奉著兩種截然不同的雕像，一種是令人心生歡喜的慈悲容顏，另一種卻是令人驚懼的憤怒凶貌。長大後，斷斷續續翻閱了一些經典，我才知道不管是低眉菩薩或是金剛怒目，這些看似截然相反的典範，卻都是佛菩薩對人間大慈悲的展現。

這種一體兩面，陰陽萬物相生相長的體會，從小就烙印在我心底。

因此，我認為尋求環境問題的解決之道，怒目金剛與低眉菩薩這兩種方式有必要同時運用。有時候由不同團體扮演不同角色，有時候在不同階段採用不同方式，對不同民眾或官員，必須採用不同的應對與溝通。

回顧世界環境運動的發展，早期比較強調以環境價值來看待問題，採取衝突對抗方式（怒目金剛）來突顯問題，引起社會大眾的注意與支持。但是隨著環境保護變成普世價值，民眾逐漸認同也瞭解環境問題的嚴重之後，就必然會更積極參與解決實際的環保問題，同時也需兼顧人民的生活與發展需求，以建立有效行動的共識（低眉菩薩）。

環境運動與社會改革，在現代已是一種價值觀的改變，不再是過去反暴政極權，必須人頭落地的革命，因此，尊重與包容所有人，以理性的方式溝通，這種看似緩慢地努力，反而是唯一可行的方式。

# 留下最好的禮物

如果我們什麼都帶不走，那麼唯一真正重要的，就是我們留下了什麼！

美國環保運動人士　霍華·李曼

Howard Lyman

《紅色牧人的綠色旅程》作者霍華．李曼，曾是美國大型畜牧場的經營者，可是在自己得了脊椎腫瘤差點導致癱瘓後，挺身揭露了畜牧業的黑暗真相，並且深自反省。他說：「當生命走到盡頭時，我們會想用什麼標準來評斷我們所度過的一生呢？我們當然可以依據自己賺了多少錢，貯存了多少物質財產來做為評價，但是，就像一部戲劇著名的台詞所說的：你不能把它一起帶走！如果我們什麼都帶不走，那麼唯一真正重要的，就是我們留下了什麼！」

他也問：「我們是否已盡力為後代子孫做了一切能做的事？世界上的樹木是否比我們出生前還多？空氣是否更新鮮？水源是否更潔淨？人們是否過著更長久、更健康的生活？飢荒是否更少？這個世界是否是一個更和平的地方？」

我們辛苦地工作賺錢，無非是希望自己及孩子有更好的生活，可是當我們為了達成目標，不擇手段，是否得到完全相反的結果？為了錢殘害環境、禍延子孫，最後錢只能讓孩子上醫院治病。

到底什麼才是我們可以留給下一代最好的禮物？

從生態經濟學的分析可以知道，從長遠角度看，一處原始大自然對人類萬物是最有價值的，可是一旦經過人為開發，即便短期可以獲得經濟或物質上的利益，但是一年過一年，它的價值會遞減，終究比不上保留完整的自然野地。

同樣的，假如有一筆預算，我們用來買流行商品服飾，東西很快就會老舊，但是當我們種下一棵樹，卻是在投資未來，為子孫創造更美好的生活環境。

霍華．李曼揭露工廠化的畜牧業為了追求獲利、提高產量，用來餵食牛隻的是——含有高劑量農藥、生長激素，以及多種動物屍體磨碎而成的飼料。畜牧業對人類以及我們賴以為生的環境與土地，已經造成難以彌補的影響和傷害。

因此他嚴厲地提醒：「在一個被毒化的星球上，人類是無法長久生存下去的。一個環境保護者吃肉，就好比一個人自稱為慈善家，卻對慈善事業一毛不拔一樣令人存疑。」

我幾年前曾替《糧食戰爭》寫過導讀，也因為這本當年的公務員選書，到過二十來個中央機關與地方政府，主講糧食相關問題。因此發現，其實大多數人並不知道自己究竟每天吃下什麼東西？這些東西從哪裡來？對世界造成什麼影響？

人類的生活在二次世界大戰之後，有了非常巨大的改變：首先，是將生產砲彈炸藥的軍需工業，直接改成肥料農藥殺蟲劑的工廠，開始了單一作物大量栽種——綠色生產革命。之後，加上科技的高度進展與全球化的推動，人類的生產與消費，逐漸脫離生活土地和環境的關係。

我們曾經以為，用低廉的價格買到各式各樣的東西，擁有一大堆物品能夠為我們帶來幸福與快樂，但結果並不是當初我們所想像的，我們愈來愈不快樂、壓力愈來愈大，人與人之間也愈來愈疏離。

工廠製造的東西當然不是無中生有，我們消費後剩餘的垃圾也不會憑空不見。人類科技與生產模式阻斷了整個地球的自然循環，所累積的問題已經快要到達臨界點，物質文明能不能持續下去，危機似乎也迫在眉梢。

我們勢必要再發動一場革命，不只為了我們後代子孫，也是為了我們自己的健康、快樂與幸福。這個革命的對象不是邪惡帝國、不是黑心大企業，而是我們每個人自己，我們必須改變自己的生活習慣與價值觀。幸好這個革命不血腥、不沉重，反而會是《幸福市集》作者陳惠雯所說的，是輕盈、溫暖，而且有歡笑的幸福革命。

這場革命的起點就是我們的餐桌，透過飲食的選擇，看到食物與環境的關係，進而找到人與環境，人與人之間的關係，最後才有可能建構起人類文明的永續之路。

這場幸福革命，惠雯似乎說得雲淡風輕，但今天大家會認同這個觀念，也了解這個目標可行，可不是簡單就達成的。因為我們這二十年已身處全球化世界，全世界大部分人理想的生活方式，就是像美國人一樣——在碧草如茵的草坪中，擁有獨棟豪宅且有多個車位，可以進進出出都開著車子，到二十四小時開放的購物中心，採買來自全世界的物品——我們都知道，要指責別人和打倒有形敵人比較容易，要改變自己是非常困難的。

這些年，我經常在各個公務員訓練中心與中央機關，講授「永續發展與環境倫理」的課程，我一定會跟那些有權力分配資源、決定政策的政府官員強調：面對不可預測的未來，台灣要能永續發展，最重要的關鍵在於「我們的糧食與物資能夠維持一定的在地生產」。若不朝這個方向努力，當全球化的大量生產與運輸中斷時，我們二千三百多萬人口，有沒有辦法在台灣活下去？

也常常有很多民眾問：「為了環境，為了後代子孫，我可以做什麼？」

答案很簡單，而且每一個人都可以做到——從我們每天的飲食做起，當我們舉起筷子的時候，就可以當個保護環境的超人。

# 閱讀的無限可能

閱讀可以救命。

在歡樂時，幫我們推往更明亮的高度，

在困頓時，書籍如巨靈之掌將我們承托起。

當代作家　張讓

台灣有一個令人百思不解的矛盾。

文化部在二〇一三年公布台灣民眾平均每年每人購書量遠低於亞洲幾個鄰國，但台灣的讀書會數量之多，以人口平均數而言，世界排行絕對名列前茅。不管在社區裡、企業裡、社團裡，三二好朋友登高一呼，就是一個讀書會，形成台灣各式各樣、或大或小、熱鬧異常的讀書會文化。

一個不太習慣買書的社會卻有這麼多的讀書會，是一件很有趣的事情，或許對大家來說書正是一種媒介，它為我們朝向世界開一扇窗，而讀書會也幫我們找到了一起探索世界的同伴。

有了書，有了一起做夢的伙伴，還有那些事是不可能的？五花八門的讀書會呈現出閱讀的無限可能。

讀書會的興起大概始於十八世紀中期，一方面除了用來交換當年算是非常昂貴的書本之外，另一方面也是社交與知識分子分享討論，彼此激盪的場合。

過了二百多年，在電子媒體興起，網路資訊泛濫的時代裡，重拾書本閱讀，或許是另一種對抗虛擬的方式吧。依我觀察，參加讀書會的人，大多是工作非常繁忙，可是又想找一個有意義的方式來進行社交的專業人士。一群人共同討論一本書，或一個人抱著一本好書窩在被子裡看，都各有其樂趣與自在。

我自己在民國七十幾年的時候成立了一個讀書會——「民生健士會」，從閱讀到關懷社會、關懷環境，大伙兒跨出獨善其身的個人舒適圈，進而籌組了「荒野保護協會」，號召民眾閱讀大自然，守護大地。這大概回應了古人所說：「風聲，雨聲，讀書聲，聲聲入耳；家事，國事，天下事，事事關心。」

這些年常應各縣市政府圖書館之邀，或在學校推動閱讀的活動中，分享自己閱讀的經驗，一直覺得喜歡閱讀的人是有福氣的人！

閱讀除了能充實現實生活的知識與具體的能力及技術，最棒的是它幫我們建構了一個別人拿不走的精神世界。即便我們很倒楣，在真實人生裡不斷遭遇挫折，甚至被人背叛、傷害，生命似乎難以為繼，可是只要我們喜歡閱讀，書中無限寬廣的世界，會讓我們明白生命還是美好的，值得好好活下去的。

有時候我們每天應對的現實世界確實令人厭煩，家人很煩、同事很煩、朋友很煩，希望全世界的人都不要來打擾，我們渴望像受傷的野獸躲到僻靜的洞穴一角舔傷，靜靜地等待自己恢復元氣。

但是現實生活中何處有沒人干擾的角落呢？有，就是閱讀，只要一拿起書，我們就立刻進入另一個世界，即便周遭人來人往、喧囂吵雜，我們都能視而不見，聽而不聞，讓精神靈魂不受旁人影響。

我相信領略過閱讀真正樂趣的朋友，一定如同我一樣，很想向朋友分享這樣的心情，就像《遠見雜誌》創辦人高希均先生一樣，多年來提倡讀書運動，他說：「再累也要看書，工作再忙也要讀書，收入再少也要買書，住處再擠也要藏書，交情再淺也要送書。」

我從學生時代開始至今，碰到朋友生日或到朋友家拜訪，就是送書。書是我送禮的唯一選擇。

前些日子到彰化玩，認識了開肉包店的老闆鄭永豐，永豐兄的「阿振肉包店」是鹿港的百年傳統糕餅店，他在民國七十年接班後，除了肉包之外，研發出多種又香又細緻的鹹甜口味，做出吃了令人感動與尊敬的包子。

最特別的是，只要到阿振肉包店買五盒包子，他就送顧客他喜歡的書（其實一盒六個包子也沒多少錢），這幾年來已送出一萬多本。我聽到鹿港當地朋友轉述，我出的書也列在他贈送的書單中，因此到鹿港時特地跟他致意。永豐兄表示：「鹿港古蹟中最有人文意義的就是半邊井，半邊井的精神就是分享的精神，井的主人把井的一半提供給街坊鄰居使用，這種無私的分享是真正的鹿港精神。」

他這樣的心情我能瞭解，當我讀到引起共鳴，願意為之擊節讚嘆、乾一大杯的好書，豈能不分享給周遭的人！

其實出書寫文章的人，也是這樣的心情吧！看到或聽到令人感動的人物事蹟，有了心神盪漾的美感觸動，不得不與人分享、提筆為文，在廣漠人世裡尋找知音！

閱讀有無限可能，能讓內心充實又圓滿、平靜又多彩多姿，能讓我們與世界如此貼近卻又遼闊，我們既能享受獨處又樂於與眾人同樂。我相信這種心情是所有愛書人所共有的，因為書，我們有自己的精神世界。

閱讀本身就是人生最棒的獎賞，是我有了孩子之後，最想送給她們的禮物，因為只要有書為伴，就可以找到自己安身立命之處。

# 麥田邊的守護者

我必須抓住每一個向著懸崖跑來的孩子。

美國作家　傑羅姆・沙林格
Jerome Salinger

年輕時看過《麥田捕手》這部世界名著，書中那位大人眼中的問題少年所講的一段話，一直讓我念念不忘。

我老是想像有一大群小孩子在一片麥田裡遊戲的景象。成千成萬的孩子，沒有人在旁邊——我是說沒有大人——除了我以外。而我站在一處非常陡的懸崖邊。我幹什麼呢？我必須抓住每一個向著懸崖跑來的孩子——我是說如果他們跑著跑著而並未注意他們所跑的方向，那麼我就從懸崖邊出來抓住他們，那就是我想要做的事，我要做個麥田捕手。我知道那很狂，但這是我真正想要做的事。

書籍在浪漫的七〇年代暢銷，那是理想燃燒的時代。

有一本書，邀請了許多在當時努力的年輕人與中壯年，回顧他們各自的七〇年代，我在其中看到林懷民老師的一段敘述：「王渝和林孝信發起，在台灣為孩子們創辦《兒童月刊》——因為七〇年代初，兒童讀物極端貧乏——我負責發出募款信。在租來的閣樓裡，我用舌頭舐郵票，一張張寄付我的鄉愁。」

當年他們這群遠赴國外求學的年輕人，為了台灣的孩子，省下微薄困窘的吃飯錢——原來我正是當年他們所奉獻的對象。

年少時，我如同一般孩子，到藏書極少的圖書館借書，然後與班上同學搶看班級訂閱的《國語日報》，投稿若能登出來會令人走路有風，高興一整個學期。那是個閱讀的黃金時期，對我們這些孩子來說，除了看故事書，幾乎沒有什麼娛樂，沒有電腦、線上遊戲、電動玩具，沒有網路，當然更沒有臉書，也沒有適合年輕人參加的演唱會。

雖然閱讀風氣很興盛，但是印刷都很粗糙，《兒童月刊》與《小讀者》是當時印刷相對精美、編輯更是專業的刊物。我常投稿，也常被刊登，當時《兒童月刊》的總編輯李南衡先生，還特地找我到位於八德路的雜誌社，除了想認識我之外，主要也想親自鼓勵吧？

對他的記憶是仰之彌高的尊敬，記得當時在言談中知道他不久就要到美國讀書，如今回想起，恐怕那時候他應該只是個二十啷噹歲的年輕人吧？

不知道是不是這段經歷對我的影響，我常常想到，再二十年或三十年後回頭看，今天我們開什麼車子，住哪種房子，吃什麼山珍海味或穿得如何，甚至現在的喜怒哀樂、煩惱、痛苦與掙扎，一點也不重要了。但是，未來的世界，卻會因為我們現在對一個孩子的生命很重要，而變得更好。

家人不太理解，我為什麼願意耗費大量車程時間到偏鄉演講。那是因為我既已領受前人的努力與奉獻，如今我有能力，本來就應該傳承下去，鼓勵我們的下一代，這些年輕的學生是台灣未來的希望！

# 有一個地方，有一群人

跟朋友們一起為了理想而努力，可以勇敢也可以溫柔；有看雲的閒情，也有猶熱的肝膽；更棒的是，可以一起慢慢變老。

李偉文

民國六十年左右，也是我讀小學時，我瘋狂迷戀幾套棒球漫畫，內容不出有來自四面八方「奇型怪狀」的英雄好漢，雖然各有各的缺點與不足，但是組合起來恰巧就是一支堅忍不拔，最後贏得勝利（最重要的是贏得彼此的友誼與信任）的團隊。

我非常喜歡這樣的故事。

我深深相信，不管原先如何平凡的一群人，只要他們有著共同的理想，那麼他們就能夠面對挑戰，並且完成從未想過能夠實現的成就。

長大一點，我最喜歡的書是《十五少年飄流記》，然後到了中學，被《水滸傳》裡英雄豪傑的道義情感給吸引，上了大學不免就想尋找《未央歌》書中，那種朋友間真摯的情意。

進入職場，在忙碌、緊張、現實又功利的社會中，我總會羨慕古代朋友間那種曲水流觴的逸趣、踏花歸去的自在，或者狂放醉酒的豪氣，可惜我沒有趕上可以為朋友兩肋插刀、肝膽相照的時代。

後來一想，呵！我們也可以有我們的一群伙伴，或許這是這些年來，我不斷地吆喝著朋友一起做點事的動機源頭吧！

高中老同學羅綸有，在我出的第一本書所寫的序這麼形容我：「偉文在荒野最大的成就應該是他為保育守護、兒童教育，甚至議題抗爭都注入了盎然的趣味，帶動了更多懷著大愛做小事的人一起加入，讓一個個活動都像是廟會趕集，讓參與本身變成青春的巡禮，快樂的出航。」

的確，我最喜歡和朋友一起努力，一起完成事情的那種伙伴情誼，那種不求名、不求利，為了理想而一起付出的純真胸懷。

甚至有時候我不做什麼，只是靜靜站在一旁，看著許多朋友，相熟的、不相熟的，在燦爛的笑聲中來來去去。

我好想告訴所有人，有一個地方，有一群人，這麼認真、快樂地過著生活。

回顧我從小到大所追求的，好像就是和朋友們一起做些好玩又有意義的事情。講得更具體一點，就是除了把自己的日子過好之外，也盼望周邊的朋友能過著「更覺知」的生活，同時盡一己之力，將我們能幫忙的範圍擴大。

至於什麼是「更覺知」的生活，對於不同的人來說，認知必然不同，適合的途徑當然也不同，但是我相信追求「真、善、美」應該是共通的價值與生命的需求。

因此，透過為公益付出努力，以及重新體會大自然的美麗與生命力，會是適合大部分人的方式。

不管是個人或組織，不管是營利或非營利機構，都會談到如何偉大，我認為其中最關鍵的兩大動力：一是堅持核心價值，二是願意挑戰和改變核心價值以外的每件事。

對我個人來說，堅持核心價值就是始終懷抱著自己的夢想。

策略思想家普哈拉曾提出觀察：未來世界會趨向新的企業形態，就是讓顧客想要與企業互動，進而共創價值，因為未來競爭植基於全新的價值創造理念，以個人為中心，由顧客與企業共創價植。

這些年在鼓勵許多年輕人追求夢想時，他們常會反問我：「那你的夢想是什麼？」通常我都笑而不答。不過，看了這些專家的論文，我的夢想在企管上似乎也有了理論基礎，因此我可以在此公開發表：「我的夢想就是幫別人完成夢想，和大家一起創造生命的意義與價值。」

# 善待與你相遇的每一個人

對別人好一點，因為大多數人生活都不好過。

佚名

雙胞胎女兒從小就習慣家裡是父母朋友們的聚會場所，大伙兒來來去去，談天說笑，因此她們長大後，也喜歡跟著我們參加大人的活動，總是很有興味地聽著大人的長篇大論。進入中學後，隨著學校課程的需求，她們也開始關心起時事了。

有一天，她們忽然問我：「爸爸，那些媒體名嘴常常東罵西罵的，許多大人在聊天時也都是負面的批評，但是我怎麼從來沒有聽過你跟媽媽批評過別人啊？」

我很訝異她們能有這樣的觀察，於是就趁這個機會跟她們討論：「首先，批評謾罵只會浪費我的時間，更會破壞我的情緒，影響我的精力與熱情，同時對事情也毫無幫助。通常我對某個議題有意見，會先想想有更好的處理方法嗎？若是我有好意見，就想辦法把這個意見傳遞給相關的人，若我沒有更好的辦法，也幫不上忙，我就不會浪費時間去批判。尤其我知道，我們不是當事者，事情背後還有許多考量與顧慮。許多沒被報導的事實，以及相關體制法規是不是有限制，我們都不清楚，若只從片斷的表面現象去評斷，是危險的，也對當事者不公平。」

「當然，我們對於那些被批評指責的事情，並不是假裝沒看見，或是粉飾太平，我們必須從那些言論裡，區分哪些是事實，哪些是情緒或偏頗的意識型態，我們可以記下事實，供自己參考與學習，至於其他的則不必理會。」

我想起作家魏勒有句話說得很真切：「對不需要親自去做的人來說，沒有什麼是做不到的。」那些在媒體上夸夸而談的人，大多犯了這個毛病，有時候所謂名嘴或政論家所提出的意見，更是荒謬可笑，若真的照他們所說的去做，才是更大的災難。

但是這些聳動、不負責的批判謾罵還是充斥在社會中，我想主因是現今網路互動即時，訊息爆炸，只有這種「語不驚人死不休」的言論會被注意與傳播，而複雜的思考與言論，在輕薄短小為主流的行動影音裝置中，沒有立足的空間。

真正想做成一件事情是非常不容易的，因為一絲一毫的投入都會牽動許多事物，看似輕易的一點進展，也得克服許多阻礙與面對許多牽連。

所以，我們要善待別人，因為總有一天，我們也需要別人的善待。就像我們現在對老人不關心、不友善，可是我們終究會老，那時候又該如何自處？

批評謾罵，或許可以讓我們暫時發洩自己的情緒，但是並不能夠讓我們的身心更安定，感覺更幸福。諺語說：「只要一句好話，便可以溫暖一個冬天。」友善的對待別人，也將為自己帶來更美好的人生。

# 朋友，與我同行

生我者父母，成我者朋友。
親附善友，如霧露中行，雖不濕衣，時時有潤。

唐朝　溈山老人

有沒有好朋友相伴，對於我們這一趟生命之旅是否美好，有關鍵性的決定因素，甚至比我們的配偶與家人還要重要。有人說，家庭會傷人，因為家人是我們無法選擇的，但是交多少朋友，與朋友的關係，是我們可以主動創造的。

最近英國有一個調查研究發現，年收入增加新台幣五萬元，可以提昇〇．〇〇〇七的幸福感，而與好友相聚可以增加〇．一六一的幸福感，差二百三十倍。換句話說，靠著與好友相聚就可以達到收入增加一千一百萬同樣效果的幸福感。

記得曾經看過一則報導：據說有某家航空公司曾舉辦字數不拘的徵文比賽，題目是「去日本旅遊，怎樣最好玩？」得到第一名的居然是個小學生，而他只寫了一句話：「跟好朋友去旅遊最好玩！」

看來除了金錢比不上好朋友之外，連休閒旅遊少了朋友都要失色許多。

那麼到底曾與我們接觸過的人，要達哪些標準才能稱為朋友？要有多少交情才能晉級為好朋友？如果問一個人：「你有幾間房子？幾輛車子？」我相信每個人都可以不假思索，立刻回答，但是若是問：「有多少朋友？有哪些好朋友？」恐怕所有人都會沉默不語，難以回答了！

我們每星期遇見的人，或與我們有所往來的客戶、同事……恐怕比古人一輩子所見的人還多，但是這些人當中哪些算得上是朋友呢？

曾昭旭老師曾經比較友情與愛情這兩者之間的差異。他認為，朋友相聚一定要有事，要有個具有目的性的事，因為朋友乃屬因緣聚合，有事相聚，無事則散。至於情人之間相聚，就算無所事事、言不及義，也有意義存在，因為情人就是以相聚為最大目的。

由此反觀我們現代人的生活，大多與工作同事、客戶交往，而在學生時代同甘共苦、披肝瀝膽的好伙伴、死黨，依照曾昭旭的「因緣聚合定理」來看，你有多少年沒有遇見過他們了，就算有，是不是一年半載才在餐廳，像與一般客戶般，彼此「應酬」了一番？

年輕時候的我們都很忙，為了生活、為了賺錢，到處奔波應酬，沒有時間寂寞。但是生活上的朋友，只有年紀愈大才愈顯得可貴，這些朋友得在年輕時就認識，彼此一起成長，共享生活的點滴，才更顯得珍貴。

不過也不能一味重視老朋友而輕忽新朋友。傅佩榮老師曾經有個評估標準：

拿出紙筆，在左邊寫上最近這一年最常往來的朋友名單，列出排行榜前十位，然後在右邊，也就是名字後面，標注這位朋友認識多少年了。如果整份名單沒有超過十年以上的朋友，表示自己喜新厭舊，無法長期與人交往；如果名單沒有最近三年內新認識的朋友，表示自己也許有點孤僻，把心門關上了。

傅教授建議，最好的狀況是以自己的年齡一半為標準，十位中有二、三位是超過這個年數，同時也有二、三位是最近三年內認識的，其他總數的一半就在這之間。他認為，這樣會有源遠流長之感，並且具備開創的契機。

我自己對於與朋友之間的往來，有三種看法：

第一，朋友乃屬因緣聚會，有事相聚，無事則散。

因此，孔夫子說：「友直、友諒、友多聞。」雖然有點功利取向，但也多少點出，朋友相聚無事，難免流於酒肉朋友之譏。所以，如何創造出朋友相處之間的「事」，是現代人應酬寒暄之餘，必須思考的，或許這也是我習慣號召朋友一起參與公益團體，為理想而努力的原因吧！

第二，直線關係與網狀關係。

當我們認識一個朋友，久沒聯絡，很容易斷線而失去訊息（直線關係），若我們認識的是一群彼此都相互認識的朋友，就不會失去其中某些人的訊息（網狀關係）。在學生時代，同班同學彼此是網狀關係，社團伙伴也是網狀關係，可是進了社會呢？形成網狀關係的機會不多。所以，我這些年在私人生活裡，也設法創造一些非正式團體的網絡，讓一群一群好友，不必耗費心力去維繫個別朋友間的往來。

第三，有點黏，又不會太黏。

我覺得朋友是一輩子的，與其整天黏膩在一起，不如彼此留一些空間。相知相重、喜悅自在的友誼，毋寧是比較「淡如水」的。

前些年有一本暢銷書，談到我們必須要有八種朋友的類型，分別是推手、支柱、同好、伙伴、中介、開心果、開路者與導師。

以這麼多面向的功能來期待朋友，未免太沉重了。還有許多人認為，在這複雜又高壓力的現實社會中，最好能交到三種職業的好朋友：律師、醫師與會計師，以便有任何疑難雜症，可以隨時求援。

有更多人認為，彼此是不是能夠變成好朋友看的是緣分，哪能這麼工具性的去設計呢？但是心理學家黃光國老師提醒：「人際關係其實總含有工具性與情感性。完全純感情，現世難覓；完全純工具，別人也不可能如此被你利用，人與人之間總是混合著這兩種。不過工具與感情各有其行為規範，否則關係就不容易持久。例如：『情感性』就著重要忠實，不能背叛，至於『工具性』則要求信守承諾。」

隨著年齡愈大，我對朋友的需求，愈偏向情感性，而從朋友晉升到好朋友的關鍵，就是彼此能分享自己內在的感受和祕密。若是一個人跟你聊了一小時，你們只能談天氣、談報章雜誌的八卦，談那些事不關己的新聞，那麼你們就不可能變成朋友。

因此，許多身居高位或有錢有勢者，很難交到真心的好朋友，因為自我防衛已成了他們的本能，怎麼可能跟其他人分享自己內心真正的感受或祕密呢？若沒有真心的好朋友，那麼再有錢、再有權勢，恐怕也很難增進生命的幸福感。所以我從來不羨慕那些媒體報導的成功者，因為他們失去的比真正能享有的更多。

我很慶幸，從年輕時就有一群沒有工作上利害關係的好朋友，一起為社會公益付出，一起成長，當然，也適時不斷有新的朋友加進來，形成所謂老幹新枝。

當身旁有這麼一群人可以在人生路上同行，一起老去，這是很幸福的，這樣的幸福很確定，也讓人很安心。

# 容我行去

我認為到山間散步就是相當於上教堂。

英國生物學家　赫胥黎

Thomas Heny Huxley

美國國家公園之父約翰．繆爾曾說：「每一個人需要美不亞於麵包，需要有地方遊憩與祈禱，讓大自然平復他的創傷，喚起他的歡樂，給予他的肉體與靈魂力量。」因此他推動成立世界第一個國家公園，認為這些特意保留下來的森林與河流，除了是生命的泉源之外，也是成千上萬疲乏的、心神不安的、過於文弱的人，一個可以回歸與重獲力量的家。

相對於約翰．繆爾身處的一百多年前，現今的自然世界，在人口成長與經濟發展下，已消失大半，除了因當年的遠見而保留下來的國家公園與保護區之外，我們已經找不到未經人為破壞與干擾的大範圍自然區域。換句話說，大自然已經遠離我們的日常生活。再加上這些年數位科技的進步，迷人的虛擬世界已占據了我們所有的注意力與時間，在眼花繚亂的聲光效果之下，我們失去了與真實世界接觸的機會與心情。

這是一個失落的年代，真實的世界已經離我們愈來愈遠。

自從有了電視遙控器，真實世界就開始在畫面跳動中，一點一滴地流逝了。我們可以不再錯失「精彩畫面」、「精彩節目」，這個小小的方便儀器，改變了我們看待世界的方法，同時也改變了我們認識世界的方式。人們不再看長篇大論的公共議題討論，哪裡有八卦，哪裡有色羶腥，哪裡有衝突與暴力，才會吸引我們目光停駐。於是，人們只有不停探尋，卻不再仔細觀察與思考。

螢幕畫面來回跳動，無法安頓，人們對於知識只取浮光掠影，再加上Youtube上的短影片，以及字數稀少的網路新聞及通訊稿，文化與思想被分割成一片一片的碎屑。世界只是點狀虛線的構成，人們頻頻轉台，接收無數訊息，愈是渴望瞭解這個世界，結果離真實世界愈遠。

無線通訊發達，行動電話不離身，似乎與世界隨時保持聯繫，你隨時可以被人聯絡到，結果卻沒辦法真實地活在當下。我們把電話號碼給了許多人，擔心我們不被尋找與需要，可是在不斷的鈴聲與問候中，心底的失落與寂寞卻更加強烈。

真實的世界已經離我們愈來愈遠。

當我們在「國家地理」與「動物星球」頻道中接觸自然（我是愛好自然的人，當我遙控器轉到這些頻道時，會稍微停留一下），當我們在電腦上交朋友，當我們關在暗無天日的KTV中休閒，當我們已不再與自然世界對話時，真實世界已經離我們愈來愈遠。

所有人都該找個時間，重新回到大自然，重新回歸內在的自我，靜下心來問自己：「什麼能鼓舞我生命的熱情？什麼是我真正看重的事物？」這正是人類重新找回存在意義的方法。若是在日常生活中始終無法靜下心來，那麼回到大自然裡吧！

我搬到山上後，每天早上起床泡杯熱茶，坐在陽台上看著整個台北盆地。若是天氣晴朗，我喝完茶，就會沿著山路隨意走走。不趕行程，沒有邀約時，還會沿著油桐花步道到蘭溪去聽聽溪流聲，此時心中常常響起印地安納瓦霍族的祈禱詞：

前有美景，容我行去。
後有美景，容我行去。
上有美景，容我行去。
下有美景，容我行去。
置身美景懷抱，容我漫步於優美的小徑。
生氣蓬勃，我且行去。

# 尋找自己的祕密花園

一個好的咖啡館應該是明亮的，但不是華麗的。
空間裡應有一定的氣息，但不僅僅是苦澀的菸味。

佚名

這是奧地利一位詩人，當然也是咖啡痴所寫下來的標準，他還說：「主人應該是知己，但又不是過分慇懃的。每天來的客人應該互相認識，但又不必時時都說話。咖啡是有價格的，但坐這裡的時間無須付錢。招待應該不斷送上免費的水，但卻不要讓常客有所覺察。」每個人對自己的生活，都會有一些堅持。

台灣首富批評現今台灣年輕人的夢想，只小到想開一家咖啡館，這顯示喝咖啡不只是喝某種飲料，對許多咖啡痴來說，更是生活方式、價值觀的的呈現。對於一般忙碌的上班族來說，喝咖啡也代表了心靈的休息，是一段無可替代的咖啡時光。因此，特定的咖啡館不再只是個可以喝咖啡的地方，而是轉換心情的魔法之地，或者是一個人的祕密花園。

你呢？你有沒有自己的祕密花園？

「荒野保護協會」在訓練志工時，尤其在長期的親子團隊炫蜂團中，會要求這些大小志工尋找自己的祕密花園，也就是在住家附近，找一片富有自然生命的場域，也許是小公園，也許是山谷、溪邊，然後定期去觀察與記錄。

重點不在於你記錄下什麼，而是要你經常去，晴天時去，雨天時去，白天去，晚上去，高興時去，悲傷時去，讓自己的生命經驗與這個地方的自然氛圍相連結。即便你遠赴他鄉，遭遇困頓挫折時，可以隨時呼喚這個祕密花園，當你需要它時，它就在那兒，在你心中撫慰你。

咖啡館大概也有這樣的作用。

年輕人或上班族或許可以在上班空檔，尋找自己的咖啡館，享受咖啡時光，但是結婚生子或者年紀稍長的人，大概不方便自己沉浸在咖啡館裡，也沒辦法經常到荒野所主張的祕密花園，那該怎麼辦？再加上，現代人生活節奏非常快，往往一早起來就像顆陀螺般，轉個不停，也因為手機，讓我們無所逃於天地之間，時時刻刻擔心老闆或同事找你，無法獲得分秒的安寧。

當一個人日日夜夜、年復一年處在如此緊繃的狀態中，身體不出毛病才怪，同時也會有空虛，不知所為何來的迷惘感，甚至喪失與世界真實連結的生命感受。

我還是鼓勵大家想辦法尋找自己的祕密花園，保留屬於自己一個人的咖啡時光。我建議可在睡覺以前，在家裡一處小空間，布置一個小角落，創造出屬於自己，不受干擾的的咖啡時光。這時候不只可以喝咖啡，有些朋友睡前會做做瑜珈或打坐，有人會在喜歡的音樂聲中喝杯紅酒，也有人會藉由寫日記沉澱一天的思緒，或者看一集喜歡的影片，當然有更多的朋友與我一樣，會找本自己喜歡的書，靜靜地閱讀。

當我們可以安靜下來，才能夠真正看見我們生活裡的點點滴滴，看見我們的家人、我們的朋友、我們的同事，也才能夠體會到，每個人總有沮喪脆弱、憂思難解的時刻，也都會面臨孤立無援、四顧無人的處境。這時候我們會發現，人與人之間彼此關懷的問候，溫暖的對待，是我們這趟生命之旅的重要動力。

找回每個人內在溫柔的心是非常重要的，因為能溫柔就能包容，能溫柔就能慈悲，生命的智慧必須在包容與慈悲中滋長。

橋已經太遠了

在我們這個世界，你要一直拚命的跑，才能保持在同一個位置，如果想到別的地方，至少得跑得比現在快兩倍才行！

《愛麗絲夢遊仙鏡》

《愛麗絲夢遊仙鏡》這個童話故事，小時候看只覺得其中天馬行空的想像有趣極了，可是現在重新閱讀，卻覺得真實到令人心驚膽寒。故事中，動不動想砍人家頭的紅皇后說：「必須跑得比現在快兩倍，才能待在原處。」這不就是當下職場工作競爭的寫照，也是我們夢魘的來源嗎？

對每一個人來說，現在都是一個生存愈來愈困難的時代，在知識不斷產生、不斷被複製、流傳，而且往上堆疊累積的情況下，每一個人需要讀愈來愈多的書，需要愈來愈高的學歷，連帶專業養成的訓練也必須愈來愈久。而且，在無遠弗屆的訊息流通下，我們的競爭對手已經不是你居住城市的同行，而是來自全世界，來自我們想都想不到，聽都沒聽過的地方與始料未及的行業。

號稱日本最後一位數學大師——岡潔，在晚年接受媒體採訪時，曾感慨地表示，具有革命性的新的數學原理很難再發現，因為「橋已經太遠了」。

岡潔從小有神童之稱，他一輩子認真努力，而且長壽，所以才能如此有創見。後代的人，除非也要非常聰明又非常勤奮，而且要活得夠久，才能走過那無數世代傑出腦袋所鋪成的橋，然後再往前走一點點，這實在太艱難了！

橋真的愈來愈遠，二十一世紀這十來年諾貝爾物理獎，平均得獎年齡是六十八歲，但是在二十世紀初，平均年齡僅有四十七歲，而且近代得獎者的發現，多半屬於延續性、運用型的發展，已不如早年那種劃時代的影響。

人類大腦的運用與努力，是不是有其極限？但是已入堂奧的專業工作者一定是謙虛的，就如同樂聖貝多芬所說：「真正的藝術工作者，看見藝術那樣無窮無盡，他心裡不勝惆悵，他在神思昏昏之中，覺得自己離藝術的目標遙遠，如果聽見旁人稱讚他，他就悲從中來，更覺得藝術目標是可望而不可及的。」

或許我們不必那麼悲觀，因為對人類有限生命而言，追求真理與宇宙奧祕，本身就是一種快樂，並不需要，也不可能有終極的答案。

因此我喜歡更加物理頑童費曼所講的這一段話：「思索宇宙是一場大的冒險。把生命視為最深刻的宇宙奧祕的一部分，會令人經驗到一種罕有的興奮感。當你試圖探索生命的奧祕卻仍無法解開時，光是這樣的探索、了解生命和地球的起源、對生命奧祕的好奇，就會令人不禁開心起來……世界真是美好！」

我同意他的說法，能夠思考、閱讀、想像，世界真是美好！

# 給時間一點時間

## ——分享感悟

# 捕捉永恆
# 於剎那

人生的遭遇，大半是片刻的歡樂，換來終生的不安；
攝影，卻是片刻的不安，換來終生的歡樂。

英國政治家　東尼・班
Tony Benn

這個時代，彷彿人人都是攝影大師，手機拍照效果幾乎勝過傻瓜相機，人也一天二十四小時都帶著相機，隨時準備拍照，或者被拍。

現在照相器材的解析度、靈敏度都好，再加上智慧的電腦程式，可以毫不費力地幫我們拍出無可挑剔的相片，然後立刻看到成品。一張拍壞了沒關係，連拍七、八張總有一張是滿意的吧！

專業攝影師還有存在的空間嗎？這是相對於還沒有數位相機的年代，一個相當直覺的問題。

現在的年輕人恐怕很難想像，當年拍照的花費多昂貴、過程多困難。底片一卷只能拍三十多張，沖洗要錢，洗成相片也要錢，更麻煩的是，一直到洗成相片，你都無法確定自己有沒有拍到、曝光量夠不夠、有沒有震動模糊，最讓人扼腕的是，當精彩畫面發生時，底片正好拍完！

因此，在任何值得紀念的時刻，專業攝影師是不可或缺的，除了準備好幾台相機，找助理打光、測光，幫忙換底片，也都必須妥善安排。

年輕時曾興致勃勃地參加過一些攝影俱樂部，也參加過攝影比賽，當年攝影團體很流行邀模特兒外拍比賽，選出一些美美的沙龍照。還記得一次與大老級的評審聊天，他不小心透露出一個心得：「比賽會得獎的，模特兒一定要漂亮！」

當時常有攝影展，常有攝影集出版，銷售情況都不錯，攝影作品像今天的繪畫雕塑藝術創作一樣，常有收藏家購買典藏，一張好照片會被廣泛傳閱與欣賞。相較而言，今天的攝影作品比較像新聞，被迅速消費，然後棄置。

以前拍照不容易，所以攝影比賽的獎金很高，是現在望塵莫及的。前一陣子，我應邀擔任某個攝影比賽的評審，或許獎金還算高，所以參加的人很多，比賽有特定的主題項目，每人約有十多張相片，總計有近萬張相片要評選。

初審由評審各自在家上網瀏覽，因為那幾天我很忙，所以在評選期限最後幾小時才匆匆觀看，每張相片只有幾秒鐘看，我很擔心評出來的人選，會與其他評審落差太大。幸好決選時發現，我的觀點與其他人十分相似，看來判斷一張相片拍得好不好，大家還是有共識的。

一張普通相片只是如實介紹這個世界，而好照片是讓人體會這個世界。換句話說，一張好照片要有明確的個人觀點，而且要有重點，也就是要捨得減去一些東西。看到五樣東西，一口氣把五樣通通拍出來，就成了普通的風景明信片，但是如果用心體會，將感動你的部分集中精神表現出來，將五減去三，剩下的二，才是屬於你自己的風景。

構圖簡潔，但是簡潔中仍然蘊含變化與流動的力量，就是有生命力，就是感人的好相片。

在以前拍照花費昂貴的時代，每次按快門前，總會先思考，先去感受與體會，希望找到別人沒看到的東西，那種慎重與注視，像獵豹伏擊獵物時，全神貫注，然後一躍而起。攝影大師布烈松說：「那就是我很少讓鏡頭移動的原因，彷彿逼近一頭野獸，如果你太唐突，獵物就會逃掉。」

文學大師余光中曾感慨：「攝影這門藝術，是神做一半，人做一半。光，就是神。但是要捕永恆於剎那，擒光影於恰好，還有待握持相機的高手。當奇蹟發生，你得在場，你的追光寶盒得在手邊，一掏便出，像西部神槍手那樣。」

攝影要拍得好，除了人得在場，還得有個「攝影眼」，那是每個人觀看世界的獨特方式。攝影大師柯特茲說：「相機是我的工具，經由它，我給予我周遭的所有事物一個理由。」對於攝影，可真不能等閒視之啊！

反觀現在，二十四小時拍照，隨時上傳網路分享，人們已很習慣用相片寫日記，畢竟用文字來記錄自己的生活與心情比較麻煩，而拍照輕鬆方便又一目瞭然。不過也因此造成相片太過泛濫，也許自己都不曾仔細端詳自己拍的每一張相片。

大家已習慣將照片上傳網路或雲端的虛擬空間，不再洗出一張張的相片。我想現在的年輕人，恐怕無法理解傅佩榮教授在《人生問卷》這本書裡，對以下問題的答案：「假如家裡不幸發生火災，你只來得及帶走一樣東西，請問，你要帶走什麼？」

他的答案是：「相簿。」

他認為凡是金錢可以買到的東西都不重要，而相片是無法重製的，相簿裡有我們與家人從小到大的各種相片，一旦被燒掉，永遠不可能重新照一次。

相片是記憶得以確認的重要憑藉。我於是又想到，當現代人只把照片存在自己的電腦或存在雲端，萬一電腦中毒或密碼忘了，怎麼辦呢？因此，我還是會把喜歡或重要的數位照片，洗成一張張的實體相片，整理成相本，也會把從前用底片拍的相片，掃描成數位檔，儲存起來。我常抽空重新瀏覽過往拍的相片，這不只是懷舊，更是審視自己觀看世界、體會世界的方式。

# 人生三問

你是誰？你在哪裡？你在生命現場嗎？

輔仁大學退休教授　謝錦

幾年前曾看了一部讓我印象很深刻的紀錄片，那是幾位畢業多年的學生，回校拍攝他們的國文老師謝錦，在二〇〇八年，他在輔大任教的第三十三年，也是最後一年的上課實錄。

我相信，對於所有剛考上大學的台灣學生而言，一進謝錦老師的國文課教室，一定是場生命的震撼教育。

台灣學生在多年考試壓力，以及從小安排得滿滿的行程中，早就形成被動的態度，而且不知道自己是自由的——所謂的自由是主動、自主地選擇做一些事，並且承擔所有後果。

為了讓學生「醒」過來，謝錦老師用的方式很辛辣、很直接，不留情面，甚至是逆向、非理性的方式，就像禪宗的棒喝。他把學生逼到死角，讓他們醒過來，這和我們想像的大學上課場景，完全不同。

當然，不少學生一開始會抗拒，但是就像學期結束後一位學生講的：「謝錦很多時候的話，真的是一箭穿心、一針見血的，還來不及痛就先醒了過來……」也有人說：「如果不是這堂課，我不會意識到自己原本生命狀態的被動與消沉，不會想要改變，不會擁有熱情。」

謝錦想讓每個學生找到自己。

「找到自己」這句話聽起來很簡單，但是對於台灣的孩子而言，卻是困難的挑戰。一個活不出自己本質的人，無法獲得真正的快樂，也無法展現自己生命的價值。

因此，他常常要學生區分「召喚」、「選擇」與「需要」的差別。「召喚」是一個人內在最深沉的聲音與驅動力，人來到世上，究竟有什麼東西，是在他不必有自覺、不必有意識的選擇時就痴心嚮往，非要不可，並且付諸行動的？它來自生命的感動，沒有任何目的和條件，不需要理性思維，一旦有了它，就會有無可救藥的熱情。

如何讓從小不是為自己而學習的學生們，重新找回自己，進而聆聽自己內在的召喚，這憑藉的當然不是知識，只有透過體驗、透過頓悟，才有可能破除理智與知識建構的，對生命靈性的障礙。

因為著重在情境，所以謝錦常常問學生：「剛剛你看到什麼風景？」他要確定，每個學生都能夠參與自己生命的每個現場。有太多人「生活在地方」——人坐在教室，心不在教室；人活著，卻不存在。謝錦一次又一次，不留情面地逼問學生，讓他們體會到如何真正感知周遭的一切。

視而不見，聽而不聞，麻木被動，已成了現代人的通病，如何重新看見世界，甚至能夠感受世界、融入世界，進而瞭解自己的獨特與使命，其實不只是大學生，而是每個人在一生中，都應該不斷追問自己的問題。

謝錦老師的三個問題，其實很不容易回答，或者我們可以用比較「友善」的方式說明：

一、我們為什麼在這裡？

二、我們為什麼要關心？我們在乎什麼？

三、我們要知道些什麼？

當然，除了這三個幫助我們注視生命現場的問題之外，我們也必須在遭遇不同生命情境時，問自己不同類型的「人生三問」。

比如說在自我探索，找尋生命呼喚或生涯職志時，可以用另外三個簡單的問題來協助自己：

一、什麼事情使我覺得很感動？

二、什麼人令我很羨慕？

三、假如你不用顧慮任何人、任何事，你現在最想做什麼？

我們可以回溯成長至今看過的小說故事、電影或者新聞報導裡的成千上萬人物中，有哪些人做的事讓我們很感動？哪些人的人生樣貌令我們很羨慕？這種觸動就是我們心之所嚮，也就是我們生命熱情之所在。

第三個問題能讓我們剝開藉口的假面，我們常常會以各種理由，或許根本就不存在的理由，來阻擾自己面對內心的渴望或呼喚。當我們真的願意面對時，才有勇氣去克服那些阻礙，一步一步朝著真正的自己前進。

另外，在面對人生優先順序的選擇時，也有人建議可以用下列三個問題來問自己：

一、如果你只剩下三天的壽命，你準備做什麼事？

二、如果你只剩下三個月的壽命，你準備做什麼事？
三、如果你只剩下三年的壽命，你準備做什麼事？

我們往往以為人生很長，「以後」還有機會可以做真正想做的事，但是一天過一天，時間的流逝比我們想像中快，一不小心，我們就錯過了原以為隨時可以實現的小小心願。

常常問自己這些「人生三問」，可以幫助我們把「想」做的事情，變成「要」做的事情，以及「正在做」的事情。

# 給時間一點時間

生命中還有比增加速度更重要的事。

印度領袖　甘地

Gandhi

現代的上班族有一個共同的特徵——忙。從一早起床到晚上就寢，整天匆匆忙忙似乎沒有喘息的時間，但若回想，到底今天做了些什麼事，卻又想不起來，時間不知怎麼回事就消失無蹤。

據說，要了解一個民族，就要先了解他們如何看待時間的價值。的確，一個人運用時間的習慣，就是他的生活方式，也形成他生命的內涵。

有研究發現，走路快、生活節奏迅速的地區，通常經濟較發達，個人主義盛行，氣候比較涼爽。其實不必經過研究，我們在旅行時也發現，那些熱帶地區，尤其是印度，似乎是毫無時間感的地方。在印度前往喜馬拉雅山的特快車上，刻著一段話：「Slow這個英文字有四個字母，Life也一樣。Speed這個字有五個字母，Death也一樣。」

據說非洲許多地方也完全沒有「浪費時間」這個概念，他們認為：「你怎麼可能浪費時間呢？如果你不是正在做這件事，就一定是在做其他事，就算你只是在跟朋友聊天，或者閒坐，都是你正在做的事啊！」

其實我們「文明人」所說的浪費或不浪費，都是心中先有了價值衡量，所以一旦時間拿去做低價值的事，就是浪費，可是問題出在——對人生而言，究竟什麼是價值高或價值低？我們曾好好思考過嗎？

更弔詭的是，明明我們發明了許多節省時間的工具，發揮出無與倫比的效率，但我們還是無法省下時間？究竟我們的空閒時間跑到哪裡去了？

曾有個研究，以家庭主婦花在做家事的時間來做調查，結果發現，雖然發明了許多有效率的家電用品，比如洗衣機、吸塵器、微波爐……等等，但是整體而言，家庭主婦並沒有隨著工具使用而省下時間，甚至比沒有電的時代，花更多時間做家事，這到底是怎麼回事？

這是因為隨著生活水準的提高，以及技術的進步，我們的期望也跟著提高了。比如說，以前到溪邊洗衣服或許很麻煩，但是也許我們衣服穿一季才會洗，現在雖然洗衣機很方便，但是我們卻會天天洗衣服。

就像以前沒手機時，聯絡別人很不方便，因此若必須打電話，一定是重要的事，所以整體而言，耗費在與別人講話的時間反而少。但現在，當手機時時刻刻與全世界相連時，別人傳給你一個訊息，就期待你立刻回覆，而且也因為太方便了，太多人開始傳送不急又不重要的事，我們的時間就被切割得七零八落，生活也不得安寧。

最近我太太工作的機構，發下智慧型手機，要求每個人用Line連線，從此我太太連星期假日都沒了。以往值班人員要處理各部門的突發狀況，如今這些人會在Line立即反應問題，那麼原本休假中的相關人員也只好跳出來處理，不然主管也同時在Line上看呢！

這是我不用智慧型手機，甚至手機幾乎不開機的原因，我希望保留自己完整的時間，並且盡量不要讓這些方便的工具控制我的生活節奏，我也常常提醒自己，什麼是自己想要的生活？

當我得花時間去做一件事情時，我會先問自己兩個問題：

第一，這是我絕對「必須」做的事嗎？

第二，這是我「想要」做的事嗎？

如果都不是，我就會把時間還給自己。若是對生活起居與物質享受的期待，不隨時代進步而提高，我們的閒暇時間就會更多了。就像社會學家勒范恩說的：「我們要給時間一點時間。」如此一來，時間也會回報我們豐富的生命感受。

# 願與求

最能善盡生命的方式，是把生命投注在超越生命的東西上。

美國激發潛能大師　安東尼・羅賓

Anthony Robbins

願與求有何不同？

欲望是人之所以痛苦的主要來源，而佛家常說到「願」，包括最令我動容的大願——地藏菩薩的「地獄不空，誓不成佛」。對於「願」，聖嚴法師曾說：「人是要來還願的，不是要來還債的。債還完了就沒有意義，但是還願是一願又一願。」

我想，「願」與「求」有以下不同：「求」是為了一己之私，也就是自我需求，而「願」是利益他人。「求」有執迷不悟的無明之意，而「願」有盡其在我的灑脫。

外國激勵大師安東尼．羅賓曾說過：「最能善盡生命的方式，是把生命投注在超越生命的東西上。」

人是否只有處在追尋當中，才能感覺活得有意義？我想差別只在追尋的目標不同罷了！想起《愛麗絲夢遊仙境》裡的對白：

「這裡是哪裡？」愛麗絲問。

「你要去哪裡？」精靈回答。

「我不知道。」

「如果你不知道你要去哪裡，你現在在哪裡就一點也不重要。」

但是，人是追求意義的動物，所以渴望找一個目標，人需要知道自己該往何處去。不過，正如赫曼・赫塞所說的：「究竟人生有沒有意義，並不是我們的責任；但是使自己的生活過得有意義，是我們的責任。」

如何活得有意義，恐怕是我們一生必須不斷面對的課題，幾乎所有先聖先賢都主張，將目標放在超過物質與現實享受的領域。精神與物質，大概就是「求」與「願」之所以不同的核心差別吧？

佛教也有「隨緣」的說法：「佛門雖大，不度無緣之人。天雨雖廣，不育無根之草。」因此，很多人以「緣分未到」當作自己因循的藉口。

我相信緣分是隨著願而產生的，你發了願就會有緣的出現，沒有願望，就算有緣分也會錯身而過。所以，我很珍惜緣分，也願意創造因為發願而產生的因緣，因為我知道，與我們相遇的任何人事物，不是那麼容易，不是那麼理所當然。只要想到在浩瀚的宇宙，在無窮盡的時空裡，能和一個人在瞬如剎那的個人生命中相遇，就該好好珍惜。

有一段不知從哪裡抄錄的話，從學生時代至今，擺放在我桌前：「了解因緣的人，更能珍視人間一切該成就的、該護念的、該報恩的，必竭力而為，絕無錯失因緣。」

另一段話，也是我的座右銘：「對已成之事實，須看破放下，順因緣觀，不起追悔；對當前事物，宜惜取因緣，掘發可造性，積極耕種。」而你「願」有什麼樣的人生呢？

# 生命之苦

如果眼裡沒有淚水，又怎能映照出靈魂的彩虹。

印地安諺語

電影《終極追殺令》裡瑪蒂達問：「人生總是這麼苦，還是只有童年如此？」萊昂：「總是這樣。」這不禁讓我想起很多年前，作家張愛玲接受某個採訪時曾說：「人生是在追求一種滿足，雖然往往是樂不抵苦的！」

我不太清楚張愛玲說這句話的背景，但又讓我想到鹿橋《未央歌》書中女主角藺燕梅的話：「人生實在甜蜜，又實在可怕，美麗的事物，常常令人心疼地就忽然幻滅了。」這種無常，大概就是生命的本質吧？佛家以生命之苦為四大聖諦之一，是否想在看似無可奈何的悲觀中，尋求解脫之法呢？

哲學家叔本華認為：「人的生命本質就是欲望，總是不斷地追求著一些東西。」人為了活下來要吃飯，但又想得到許多別人擁有的東西。有欲望，表示我們還沒有得到滿足，這當然是痛苦的；即便得到滿足，也不過是短暫地消解痛苦而已，因為馬上又有新的欲望出現。

佛教裡常提到的三苦：「愛別離苦、怨憎會苦、求不得苦。」我們所愛的事物，終究會消失；我們所討厭的人事物，卻總是不斷地出現在我們眼前；而我們所渴求的東西，似乎無法得到，也滿足不了我們。這種苦自有人類以來就有，但是到了今天，因為時代變遷，帶給我們的壓力與挑戰，更加巨大，而我們幾乎無所遁逃這些苦了。

很多人為了逃避這種來自人生本質的痛苦，於是往外追求快樂，或者用物質享樂來麻痺自己，更可怕的是墜入毒品或賭博的深淵，無以自拔，不要說逃離生命之苦，其實連生命也毀了！

若我們明白，痛苦來自內心的欲望，解決之道就應該從內心著手。達賴喇嘛曾提出：「實踐快樂的方法，有先決條件，要沒有偏見與偏袒之心，要有聰明才智和抱負志向。」因為，有了偏見，就看不到事物的究竟真相，而如果沒有聰明才智，缺乏分辨是非的能力，就無法進行分析探討。最後，若沒有堅定的志向抱負，就不會付諸實踐。他也特別強調，在快樂之道的實踐過程中，最重要的是保有「利他之心」。

我多年來深深體會到，要脫離自己的痛苦，最好的辦法是關懷別人的痛苦，將自己的痛苦轉化成利他的力量，如此，我們的痛苦才有出口，才得以宣洩。去除壓力與痛苦的方法，是在我需要被人安慰時，反而去安慰別人；當我需要被鼓勵、被呵護時，反而主動去鼓勵、照顧別人。

西方的牙齒守護神，是一位殉道而死的少女，她被酷刑虐待，拔光牙齒、夾碎顎骨，但她臨死之前向神許願，祝福與安撫所有牙痛的人。她因為自己受苦而產生了大悲之心，得到後人的敬奉。

我常想，在這個「一百分的失敗者」的不確定時代裡，人必須正視生命之苦，也得學會如何轉化我們的痛苦與壓力，就像一句老掉牙的格言：「如果生命給你一顆又酸又苦的檸檬，那我們就把它拿來做成一杯檸檬汁吧！」也正如梵谷所說的：「如果你沒有美麗的人生，那你最好有美麗的人生觀。」

印地安原住民有這麼一句話：「如果眼裡沒有淚水，又怎能映照出靈魂的彩虹。」佛教也說：「煩惱生菩提。」我們必須從生命必然遭遇的苦痛中，體會人生的智慧與意義。

# 困頓使人懂得感恩

人要活很多年才知道感恩，才知道萬事萬物包括放眼而來的翠色，附耳而至的清風，無一不是豪華的天寵。

作家　張曉風

十分喜愛這段由張曉風老師所寫的句子，我在大學時代，每一年新年打開新的行事曆，都會在扉頁上工工整整地謄寫這些字句。細細體會後，每一件不如意的事，似乎不再如此需要銘記，而每一個平凡的時刻，似乎也都出於難得的幸運。曉風老師的話，時時刻刻提醒著我對遭遇的一切，充滿感激。

不過，在現今這個時代談感恩，似乎是不食人間煙火的過時習慣了！青年人說：「過得好，因為我值得！」從企業到政府，世界主流思潮不斷強調競爭力，這一代被灌輸「打倒別人才會贏」的觀念。我的勝利是我競爭來的、是我努力得來的，我為何得感激手下敗將？為何得感激那些沒有競爭力的人呢？因此，擁有者忘記感謝與回饋，缺乏者則含恨地嫉妒，這兩者的鴻溝愈來愈深，埋下社會不安與動盪的隱憂。

這二十年來，我從事環境保護運動，深刻體悟「謙卑與感恩正是人類與自然共存的關鍵」。這道理說起來容易，但卻時常被遺忘，除非我們遭遇困頓而覺悟——比如生病的時候。

前些日子某個週末晚上，我在家裡搬東西時，不小心夾到左手食指，趕緊抽出後赫然發現指甲整片掉落，雖然不太痛，但是鮮血淋漓的，還是有點恐怖。我沖洗消毒簡單包紮後，想一想，還是檢查一下比較妥當，於是就到離住家最近的新店慈濟醫院掛急診。經過護士檢傷分類，稍加等候，醫生來診治，我照了X光片沒骨折，所以打了破傷風針，拿了抗生素藥膏，就結束幾十年來第一次的急診處理。

往後幾個星期的起居作息真的很不方便，我不時碰觸到這隻受傷的食指。平常沒感覺到這根指頭的存在，這下子才知道它在生活中時時刻刻所扮演的角色。這使我想起拉丁美洲作家馬奎斯在《愛在瘟疫蔓延時》所寫的：「我現在完全知道自己內臟的位置與形狀了！」許多人年輕時不知道有胃有腸，等到消化道有問題了，才發現原來肚子裡有這些器官，一如我們有了乾眼症才知道眼睛的存在。

當我們不曾匱乏，要我們對認為理所當然的存在表達感謝，大概只是嘴巴說一說，很難有真心的感悟。

唯有體會到這個血肉之軀開始頹敗，我們才會好好珍惜與保養；唯有知道意外會隨時出現，我們才會感恩平淡無奇的日子。

一位詩人說：「小病是對靈魂的一種洗滌。」

病痛除了讓我們警醒之外，還有一個附帶的好處，也就是蘇東坡所寫的：「因病得閒殊不惡。」小病對一個平常忙於工作的人來說最是重要，他被迫暫時停下腳步，在無所事事的閒散時光中，在毫無目的的隨意瀏覽中，在漫無止境的胡思亂想中，或許他能想起自己的童年往事、自己的年少浪漫、自己當年的夢想與工作的初衷。

不過，這種小病必須嚴重到會讓你擱下日常事務，但又要輕微到不會有人來探望、安慰你，更不能危及性命而使人愴然淚下。

若是沒有這種小病的提醒，等到真的罹患重病，往往就太遲了。

余秋雨先生寫過一段話：「只有在天涯海角，絕壁死谷，生命被迫到最後境界，一切才變得深刻。」的確，大部分的人在遭遇重大意外、九死一生之後，才會改變人生的價值觀、生命的態度與生活的習慣。

但為什麼我們不能在身體健康，還能活蹦亂跳時，就讓一切變得深刻呢？為什麼要等到「生命被迫到最後境界」時才願意改變呢？

阿拉伯有句諺語：「要讓一個人覺得幸福，只要讓他的駱駝走失，然後再讓他找到駱駝。」這也是我覺得人應該偶爾生點小病的緣故。

# 幸福何處尋？

任何需要理由的快樂，只是悲慘的另一種形式。

印度經典《奧義書》

我們是不是快樂？是不是幸福？其實來自於我們的看法與態度。

最近政府公布了幸福指數，出乎大家意料之外，台灣在國際間的排名還不錯，因此引起議論，質疑衡量的指標有問題，與庶民大眾普遍的感受似乎有落差，大家正為了薪資沒漲，對未來煩惱著。

許多研究都顯示，幸福感與年齡、性別和家庭背景無關，主要的決定因素是——輕鬆的心情和健康的生活態度。換句話說，幸福來自於心靈上的滿足與安全感，而不是擁有多少有形的物品。

當然，透過消費或物欲享受的刺激，或許可以獲得暫時性的快樂，但是幸福感不是一時的情緒，而是比較長遠、恆定的生命狀態。

一份研究報告指出，人們追求以為可以帶來幸福的事情，其實並沒有效果，比如住在豪宅或搬到風光明媚的好地點，或如升官發財，都與幸福無關。結論是，當一個人可以自由掌握與調配自己的時間，才會對自己有最大的滿意度。

難怪身不由己的忙碌現代人這麼不快樂，精神上也充滿挫折與抑鬱困頓的情緒，總是在工作上被要求效率，在長期一心多用之下，逐漸喪失了對事物的真正感受。

印度經典《奧義書》：「任何需要理由的快樂，只是悲慘的另一種形式。」是的，所謂快樂不用理由，意思就是我們可以無條件的快樂。快樂不是因為我們生活完美，或應有盡有，不管我們人生有何遭遇或不幸，我們依然可以快樂幸福。所以我們不必再耗費巨大精神與能量，抗拒那些已經發生或無法改變的事，我們也不必再等到「將來某天，當我們如何如何」時，才會幸福與快樂。

我們的快樂不必有理由，不必附帶任何條件。

這種體會與境界畢竟不太容易，頓悟與否，往往在一念之間。對於心情緊張又生活忙碌的現代人來說，重新省思自己日常生活的時間分配，或許是具體可行的幸福之道。

心理學家容格說：「人到四、五十歲左右，往往感覺到生活失去了平衡，因為在社會化制約之下，會過度將時間投入在某一方面，而忽略了自己其他部分，而這未被發現的自我，在長時間壓抑後，渴望再度被發現。」

生活中的點點滴滴，喜怒哀樂，整個加起來就是生命的意義。人生的幸福，常常來自看起來沒有什麼意義，甚至平淡無奇的事物。日本電影《自虐之詩》

有一句令我很感動的話：「無論是幸福或不幸，都值得珍惜，這就是人生的意義。」

幸福何處尋？

什麼是最好的時刻？就是現在。

什麼是最好的地方？就是這個地方。

# 人生三境界

人的精神有三變，駱駝、獅子然後嬰兒。

德國哲學家　尼采

Friedrich Wilhelm Nietzsche

這些年隨著年齡漸長，看了比較多不同的生命樣貌，發現台灣俗諺所說：「聰明人與傻瓜，終究都走得一樣遠！」真的有幾分道理。

不管我們如何用盡心機地過日子，或者生命如何早慧，人生境遇或順遂、或困頓，這趟生命之旅，還是大同小異。除了一定必須歷經的生老病死之外，人到了某個階段，就會有某種體悟，生命的重心也會隨著年歲的增長而轉移。換句話說，人在二十歲時追求什麼，到了三十歲時在乎什麼，四十歲、五十歲、六十歲，不管我們如何劃分生命段落，總是循著一定的脈胳而變。

蔣捷的〈虞美人〉也有如此體會吧？

少年聽雨歌樓上，紅燭昏羅帳。
壯年聽雨客舟中，江闊雲低斷雁叫西風。
而今聽雨僧廬下，鬢已星星也。
悲歡離合總無憑，一任階前點滴到天明。

或許正如西方神話原型的三部曲，英雄的誕生總不外乎離家，冒險歷練，然後再返家。每個步驟都是必要的，無法跳過，也無須跳過，有點像華人所說的：「最先是看山是山，然後功力增進到看山不是山，最高境界卻又回到看山還是山。」

哲學家尼采在《查拉圖斯特拉如是說》這本書裡，也用精神三變來描述人的成長過程。首先是駱駝，代表著負重與痛苦，別人發號施令，自己只能勉力遵循；第二變是獅子，顯示一種不再追隨別人的獨立追求，一種大無畏的剛猛力量；到了最後卻又轉變成嬰兒，代表著天真、純潔，不再否定、懷疑，重新接受一切。

其實談到人生境界，最引人深思的大概是王國維在《人間詞話》引了三句詞句來描述：

第一個境界是「昨夜西風凋碧樹，獨上高樓望盡天涯路。」

第二個是「衣帶漸寬終不悔，為伊消得人憔悴。」

第三個境界是「眾裡尋他千百度，驀然回首，那人卻在燈火闌珊處。」

在初期成長學習階段，西風代表的是一種壓力，是對碧綠般生命的挫折。這時候孤獨很重要，要獨上高樓，看清生命的目標，認清屬於自己的、獨一無二的追尋。

第二個境界，代表為了夢想所付出的代價，衣帶漸寬，人愈來愈瘦，愈來愈憔悴。

到了第三個境界，我們才發現，原來以前看重的功名利祿，其實都不是我們真正想要的，也才知道，所有向外的追求都不如我們對自己的肯定，驀然回首，原來生命所有一切，早已在內心深處守候著。

有人把王國維的三境界增添第四個境界，也就是最後一個境界，以李後主的詞「流水落花春去也，天上人間」來代表。

哲學教授傅佩榮老師解釋：「天上人間意思是說，一個人要快樂，當下快樂是最重要的，以生命的每個當下來求自我安頓，這才能得到真正的快樂。」換句話說，我們把當下正在做的事，當作自己一生到此為止，所能做的唯一的一件事。那種專致純然的心境，將破除一切機心與計較，使人真誠地活在每一個當下，這才是生命最完滿的境界。

把人生從線性狀態的成長或變化，轉化成每一個當下就圓滿，即便微小如鴻毛或須臾的短暫時光，都可以進入「一砂一世界，剎那即永恆」的體會。

# 改變你一生的老師

最好的老師常常讓學生覺得沒有學到什麼，而實際上老師在不知不覺中教會學生很多。

德國哲學家　海德格

Martin Heidegger

「毛毛蟲兒童哲學教育基金會」創辦人楊茂秀教授，曾經說過幾種師生關係：《西遊記》裡，孫悟空有兩個老師，一個是菩提祖師，什麼都教，諸如飛天入地七十二變，但是他學成下山時，菩提祖師卻要孫悟空不要承認他們有師生關係；另外一個師父是唐三藏，什麼也沒有教他，只會念緊箍咒讓他頭痛。這是兩種相當極端的師生關係，但還有一種師生關係，則讓人會心一笑——師生之間不只是人與人相遇的緣分，還要加上彼此的了解、互動與經營，已經是一種情與愛的關係。

我曾在很多人身上看到如此美好的關係。

多年來，在「荒野保護協會」負責環境守護的志工廖惠慶老師，她如大地之母的溫柔、耐心、愛心，不知感動與激勵了多少人，她常說：「因為人家給我這麼多的愛，我承受不了，一定要分給別人。」

惠慶大學念音樂系，主修鋼琴，學校採一對一的師徒制。她記得大三時期末考要考三首曲子，非常長，而且要抽背，她當時不太用功，愛玩又忙著談戀愛，雖然明知道好不容易選到這個老師，而老師也只收她這一位學生，她卻不太在意。

考試時，曲子怎麼背都背不出來，她想要打混卻混不過去，彈著彈著，突然聽到有人在擤鼻涕，而且不斷不斷地擤鼻涕。她實在彈不下去，停下來抬頭一看，原來老師在哭！

老師起身，把譜合起來還給她，哭著說：「妳出去，彈成這個樣子，不要在我的琴房裡！」她拿著譜走出去，在外面忍不住也哭了起來。

這件事是惠慶人生的轉捩點，她想，老師為什麼這麼愛她？她明明跟老師沒有血緣關係，把學生教好，對她也沒有什麼好處啊？從此之後，她變成一個非常用功的學生，也和老師一樣，成為充滿愛與關懷的人。

因為老師的人格力量而改變的人生，也發生在台大環工系教授張文亮身上。張教授學生時代讀中原大學，當時每週三晚上，有位學校老師會與他們幾個學生一起讀聖經，分享心得與討論。

有一次老師臨時在台北有場演講，就要他們一起到那裡相聚。

不料他到了那裡，才發現那是一群台大學生的聚會，他轉身就想離開。到了門口，他心想還沒見到老師，要離開也要向老師打個招呼，於是就在門外等。不久老師來了，叫他一起進去，他找藉口說：「我有事，正要離開。老師快進去，他們已經等您很久了。」

想不到老師對他說：「你若不進去，我也不進去。你現在若要離開，我就跟你離開。」

他驚訝地說：「裡面有好幾十個台大學生，而我，只是個中原的學生。」

老師回答：「對他們而言，我只是某次聚會的講者，而你不同，你是我的學生。」當天聚會之後，張文亮教授是一路哭著回家的，他因為老師的愛，而變成了完全不一樣的人。

這兩個真實故事，經常在我腦海中浮現。

我雖然是個開業醫生，但是這十多年來經常有機會到各地演講，不管到校園，還是到專門培訓公務員的文官學院擔任講座，那些學員總是叫我老師。聽到大家稱呼我為老師，我總是惶恐地反省，我除了講授一些書本或網路都可以查詢得到的資訊之外，是不是能讓他們在互動中，產生知識之外的體悟？

我常常想到孔子所說的：「三人行，必有我師焉！」我相信人生路上與我們相遇的每個人，都可以是我們學習或反省的老師。

有一句話說：「當學生準備好了，老師就出現。」重要的不是我們運氣好或不好，遇到什麼樣的老師，而是我們有沒有準備好。當我們永遠保持著好奇、謙虛、求知若渴的心態，出現在我們眼前的萬事萬物，都可能為我們帶來生命的啟示，都是改變我們人生的老師與貴人。

我期望自己，也提醒自己要更有耐心，更體貼地回應來到我們身邊的有緣人，成為別人生命中的貴人。

今天就是
最好的

一期一會。

（在我的一生中，或許只與眼前所見，相遇這麼一次。）

日本茶道用語

親愛的朋友：
我寫這句話的原因是要你們知道，
我還活著，雙足還能亂踢，
現在正在享受高貴的生活，
多麼棒的享受啊！

——威廉·約翰·羅傑

這是一張明信片背後所寫的字，明信片正面是一艘有四支煙囪的豪華大郵輪，照片上的說明文字是「白星公司郵船鐵達尼號」，郵戳上的日期是這艘郵輪失事沉沒的前一天。

這張明信片被卡爾·薩根框裱起來，掛在浴室洗臉檯的鏡子旁，他每天早上出門或晚上就寢前，都會看到這段文字，提醒著他——所謂「正在享受高貴的生活」，可能是最短暫，也最令人迷醉的幻覺。

卡爾·薩根是個科學家，也是著名的科普作家與電視節目主持人，他所寫的《魔鬼盤據的世界》，以各種詳盡的科學例證，揭露人類的迷信與不理性。他的書之所以精彩又暢銷，主要是他讓我們了解，原來科學不只是數據或實驗，而是一種人生的觀察與想像力，就像他用來提醒自己的那段話，要讓自己清醒地看透許多幻覺。

不過我想，即便一個再理性，再具有科學精神的人，也常常會認為：昨天是這個樣子，今天仍舊如是，所以明天也理當如此。「意外的可能性」很少出現在我們的意識中，我們總覺得人生應該是可以預料與掌控的。

我又想到信奉伊斯蘭教的民眾，他們在敲定事情或日期後，會再加一句話：「一切看阿拉的旨意！」或許他們認為，隨意地應允自己將如期赴約或開會，是對生命的傲慢，也是對冥冥中主宰人類命運的上蒼的傲慢。

的確，我們唯一能掌握的就是當下，當下也是我們唯一能處理的時間。日本茶道用「一期一會」比喻——在一生中，或許只與眼前所見，相遇這麼一次，因此我們必須好好珍惜，但這種珍惜不是過分貪戀渴求這個肉欲之身。

我們常常會希望明天更好，但其實今天就是最好的，而明天未必屬於我們，所以對於今天的一切際遇，就感恩地接納吧！

# 人生的選擇

只要我們珍惜人與人之間再自然不過的邂逅，
就能引領我們活出精彩的人生。

日本作家　喜多川泰

常常會聽到有人懊惱地說：「早知道就好了！」

我總是想回應對方：「人生沒有所謂早知道，事情只有當下的選擇，與承擔之後的結果。」因為我明白，有些事就算早知道，也是莫可奈何的。人非得依別人的經驗走過一次，甚至跌得鼻青臉腫，才會甘願，才會死心。

「如果經驗的傳遞那麼困難，那麼為何我要奔波各處去演講？」

有無數次，在身疲力竭下，我質問著自己。

我們對人生的感慨，常常很難對人訴說，比自己年長的人覺得你還年輕，懂什麼？比自己年幼的人覺得你在說教。因此，演講者必須面對一個弔詭的困境——聽得懂的人，不必由你來說；聽不懂的人，說了也是白說。這樣的心情可以用攝影大師李屏賓的話來說明：「有的時候心中有事，嘴裡懶得說；有的時候心中有事，覺得沒有必要說；又有的的時候，心中有事，卻又不知道該去對誰說。」

所以，為何要演講？

從自己的經驗還有一些研究報告顯示，別人會忘記你說過的話，你做過的事，但是他們不會忘記你給他們的感受。我希望用自己的熱情，傳遞給聽眾一個感覺：人生可以有不同的選擇，有不同的可能性！

好多次千里迢迢到偏鄉，或到一些根本沒聽過名字的職業學校及科技大學，車程時間總是耗盡我的精神體力；而到頂尖大學演講時，看著底下學生如同某位教授形容的「人型墓碑」，我還是會興起「所為何來」的感慨。

但我心裡有一個聲音支持著我，正如我曾安慰一個滿懷歉意，邀請我到偏鄉的老師，我說：「這些成長環境不理想的孩子，才是我們更要關切與影響的，因為我們後半輩子還是留在台灣，我們能不能安度晚年，就看這一群孩子長大後爭不爭氣了！優秀的孩子也許會到國外發展，這些沒有能力離開台灣的孩子，才是台灣未來的希望啊！」

或許我演講的內容，聽的人很快就會忘掉，但他們會記得講者留下的氛圍與感受。因此，我上台前總會回顧自己的初心，找回對生命的熱情，警惕自己不要變成照本宣科的錄音機。

而真正要讓人記住的話，我知道只有透過文字才可能實現，因此我花時間寫文章，貼在部落格與臉書裡，也出版書，希望讓這些心得，留在虛擬的網路空間或一本本書裡，等待有緣人撿拾。

# 生命的流動

是諸眾等，久遠劫來，流浪生死，六道受苦，暫無休息。

《地藏菩薩本願經》

我常覺得人有那麼多遺憾，大概是因為無法體會「生命的流動」，所以不知道放棄，忙著占有，一路抓，但終究得一路丟，結果一無所有，連原來經過生命的，也沒有仔細欣賞。

為了爭奪那些終必要丟棄的，我們付出了整整一生。

是不是，這個世界所有美好的事物都在流浪？

席慕容這麼說：「請在每一朵曇花之前駐足，為那芳香暗湧依依遠去的夜晚留步。他們說生命就是周而復始，可是曇花不是，流水不是，少年在每一分秒的綻放與流動中也從來不是。」

我們總是錯過，錯過那花滿枝椏的昨日，又錯過今朝！

是不是，這個世界所有美好的事物都在流浪？

土地在流動，流動在滄海桑田中！

生命在流動，流動在美麗糾纏的記憶中！

愛也在流動，流動在每個關懷與柔軟的心中！

雖然，他們說世間種種終必成空，但是我相信美麗會留下，愛會留下！

科學家說，所有生命的本質都是一樣的，所有物質都可以看成是能量不同形式的呈現，所有東西都是同樣的原子電子夸克……組成的。因此，凝止的土地，繽紛的生命，乃至於看不到的音符曲調，都是同樣的能量，在不同界面中流動！

我想起藥山禪師的一則公案。

朗州刺史李翱問禪師：「什麼是道？」

藥山用手指指上面，又指指下面，說：「明白嗎？」

李翱答：「不明白。」

藥山於是說：「雲在青天水在瓶。」

李翱豁然頓悟，高興施禮。

雲在開闊的天空自由飄蕩，何等自在；水在小小的瓶子裡，又何等拘束。人也一樣，有人像天上雲，有人卻像瓶中水，境遇大有不同。

但其實，雲就是水，水就是雲。自在的雲，會化成水，下到人間，被裝在瓶子裡，而瓶中的水，有一天也會蒸發上升，到天上變成雲。

生命在流動，土地在流動，音符在流動！愛也在你我內心裡流動！

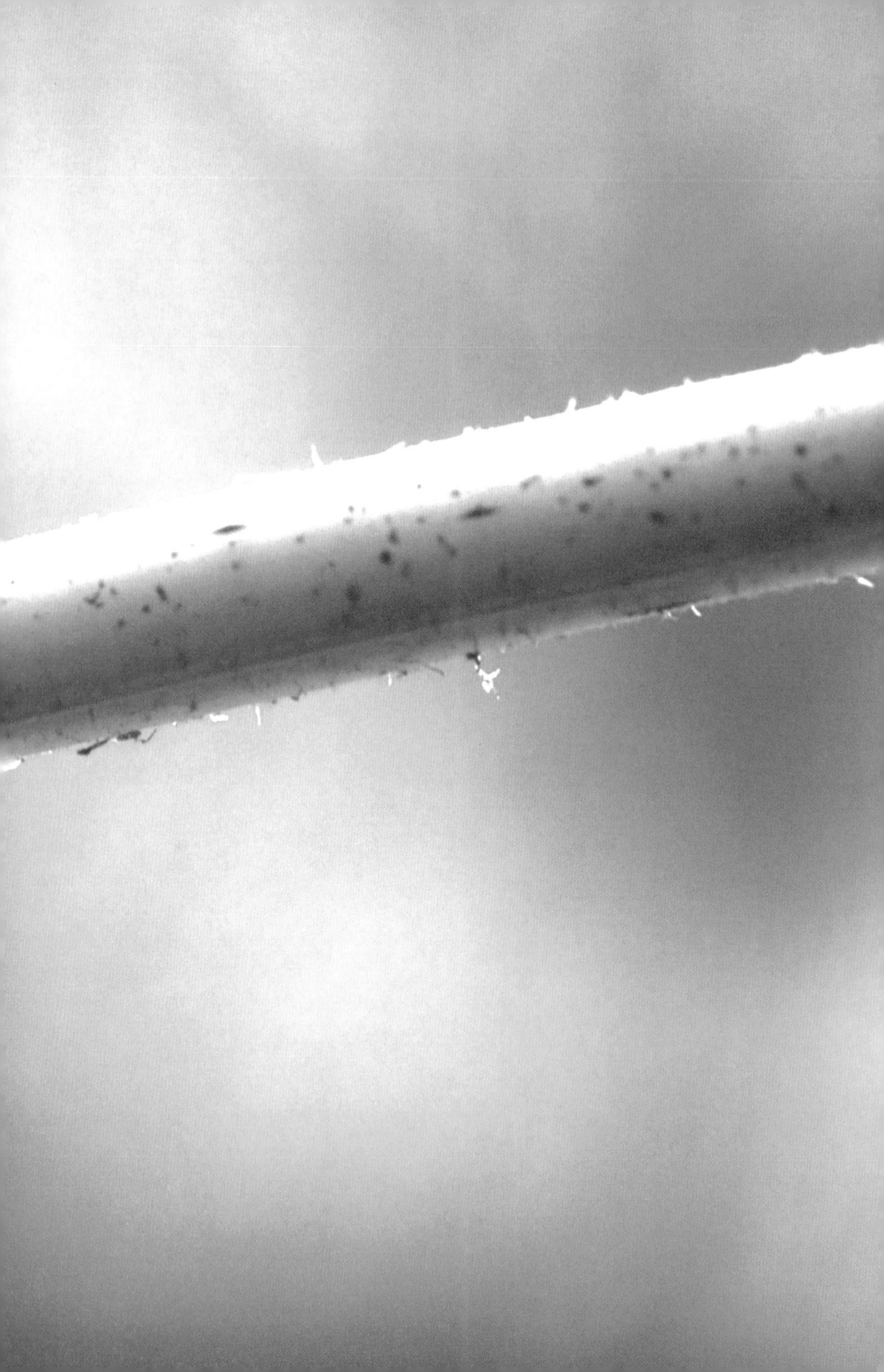

# 世事多變化
## ——歌哭無常

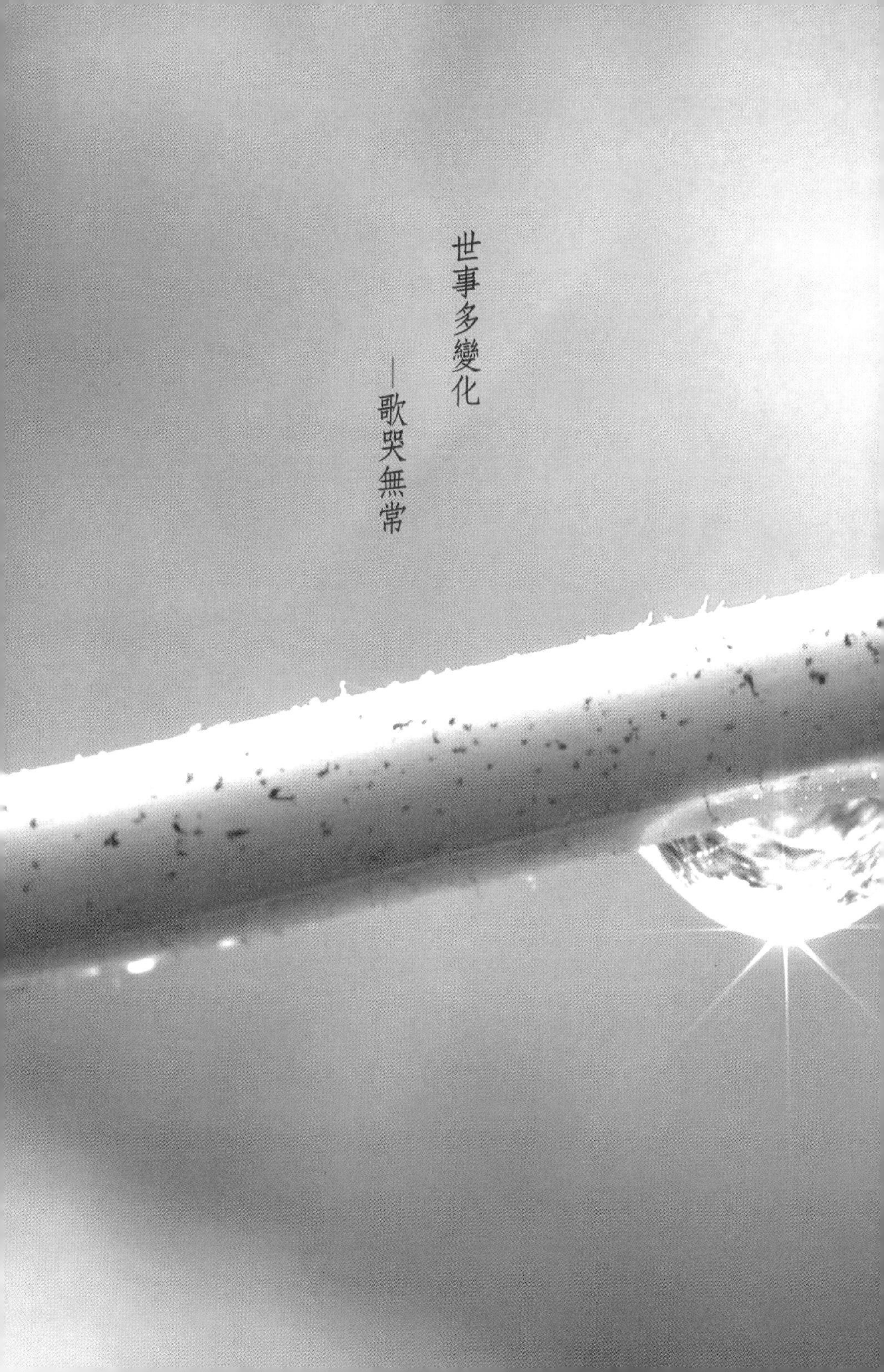

# 世事多變化

當我還是一個小女孩，我問我媽咪將來我會如何？
將來我會美麗嗎？還是會有錢？
媽媽告訴我：世事多變化，未來怎麼能預料？

英文歌曲〈世事多變化〉

這是希區考克導演的電影《擒凶記》的主題曲，由嗓音高亢嘹亮的桃樂絲・黛演唱。這首歌從中學時代就陪伴著我，剛好回應我學生時代面對未來的一絲困惑與興奮的情緒。

記得一年農曆大年初一，朋友們依慣例在我家聚會聊天，席間一位經營企業的朋友感慨現今年輕人耐壓性太差、過於自我卻又沒有企圖心……等等，引起不少人附和。但在座也有不同的反省之聲：「我們會不會得了便宜又賣乖？畢竟我們成長的年代與現今年輕人面對的時代大不相同，當年台灣工商業剛開始發展，工作機會很多，而且可以在較慢的步調中跟著企業一起成長與學習，競爭的壓力與挑戰跟今天不可同日而語。」

時代變遷的速度真的一天快過一天，去年一場國際論壇中，有位著名的商學院院長說：「不是我看不清楚未來，而是未來變化太快了！」面對有如失控火車般的時代，台灣的年輕人、全世界的年輕人，甚至連大企業家，世界各國政府領袖，人人都焦慮地面對著「看不清楚」的未來。

我們並不孤單，這是首先要體會的，但是我們也無法期待別人，無法期待政府規畫好產業環境，無法期待企業訓練我們，所以必須覺悟：自己就是自己唯一可以期待與改變的對象。

因為誰也測不準未來，所以若我們初入社會就找到不錯的工作，並且表現良好，不要太得意，因為那也許只是運氣好，而趨勢隨時會改變，應該謙虛並且把握好學習的機會。相反的，若我們一再遭遇失敗挫折，也不要太沮喪，因為人生中「豬羊變色」的機會很多。

在這個令人焦慮和徬徨的時代，我們要時時刻刻提醒自己：掌握對世界的認知，我們可以選擇相信什麼、不相信什麼，我們可以選擇如何看待這個世界，我們永遠都有選擇的機會。

我們的選擇決定了我們的命運，我們關注的方向就是我們的未來。

多元價值的時代，競爭雖然劇烈，但是機會也很多，不愁沒有發揮的舞台，也因為沒有人知道未來會是如何，或許我們可以少一點明確的目標或規畫，但是多一點想法。所謂想法，就是一個單純卻不容妥協的意念，就是一個人念念不忘的夢想。

夢想最好是抽象的，是向上、向善的願景，它不是可以計量的成就，不是經由管理手段可以達到的目標。這樣的夢想指引出一個方向，讓我們在遭遇挫折或各種意外時，還可以滋生出不斷前進的勇氣，不至於偏離我們內心深處的真正想望。

不過，要確定自己的夢想並不容易，有太多事情我們似乎都喜歡，也有能力做得不錯，而同時我們的父母、長輩或老闆也會建議「做什麼事對你比較好」，讓我們逐漸分不清什麼是夢想，什麼是目標。

我認為真正的夢想是：當你看到某些前輩在他的行業或領域的努力，你心生感動，這種感動就是你夢想的所在。

理智的規畫常在時代變遷的洪流中淹沒，而夢想則是種神祕的力量，它會召喚出許多貴人與機緣前來助我們一臂之力。具體的目標容易形成生活壓力，使我們充滿挫折，但夢想卻給予生命熱情，讓我們每天迫不及待地起來面對新的機會。

以前的時代，工作內容既清楚又固定，從學校畢業進入一間公司，可能在同一個辦公室，跟同一群人，做同樣的事一直到退休。但這樣的時代早已結束，即便在同一個公司，工作的內容與形態也常常改變。

趨勢專家指出，未來的人一生的職業生涯中，至少會轉換四個不同的產業。

在經濟全球化的高度競爭與變化中，每個人的工作壓力與生活負擔都非常大，在唯恐輸人的賽局中，若是運氣好不免得意，假如不順遂則不免怨天尤人。或許這是一種正常的心理防衛機制。

可是，當抱怨變成了習慣，受到最大傷害的反而是自己，這種情緒的嗎啡會消耗我們的精力，遮蔽我們的理智，讓我們無法看清楚事情的真相，因此找不到改善的方法。

初入社會職場的人，有的如同刺蝟到處扎人卻不自知；有的如同汽球一刺即破、一蹶不振；更有的人為了成功，無所不用其極。在工作或生活中，我們必然遭遇疑惑，若沒有適當的解決方法，往往會讓生命陷入困境而無以自拔。

有太多人年輕人，當然也有中年人或老年人，覺得世界虧待了自己，埋怨生錯了時代，生錯了地方，或許我們確實有理由為自己的懷才不遇而抱屈，但是一定要提醒自己：不要一直抱怨，不要憤世嫉俗。

我們也許無法左右世界的變化，但是我們永遠可以選擇用什麼態度、用什麼方法來面對它。

# 寫在咀嚼之前

如果沒有好好進餐，那也沒辦法好好思考，好好愛。

英國作家　吳爾芙
Virginia Woolf

《漢書》裡這麼寫著：「王者以民為天，而民以食為天。」這正是台灣俗諺「吃飯皇帝大」的精神吧！《禮記》也這麼提醒：「夫禮之初，始於飲食。」自古以來，世界各地的華人這麼重視飲食，是其來有自的。

為了追求口腹之欲，我們幾乎可以擱下一切，也發展出細緻繁複的飲食藝術，來到現代，進步的化學工業，已經讓我們分不清，我們吃進去的是什麼！花生油裡沒有花生，辣椒油根本不是辣椒做的，米粉不是用米做的，濃稠的果汁是百分之百塑化劑調製出的，難怪我們舉起筷子時會躊躇再三了。

我自己多年來一直吃得非常簡單，也深深感覺到飲食與環境保護的密切關係。我曾經應邀到大學的餐飲管理系演講，談與飲食有關的環保問題。人們愈來愈關心健康與食物衛生，我希望透過機會讓民眾知道——只有好的生態環境才可能生長出好的食物。同時，在經濟全球化破壞了大部分地方產業的時代，或許台灣可以靠飲食文化走向國際，甚至發展成國家的競爭力。

吃，在台灣已不再只是讓人吃飽肚子而已，而是講究食材、吃法、場合、氣氛，以及器皿使用與擺設的美感，甚至搭配用餐的音樂也都得注意。飲食不但是生活，而且還是文化的呈現，現在所謂的文化創意產業，飲食可以集其大成。尤其，現在有愈來愈多人的旅行，只為了某一樣地方特產，或者一睹某一間餐廳的風采。於是，飲食從農業、工業、服務業，晉級到體驗經濟的第四級產業。

精緻的飲食文化，是台灣在全球化競爭下的求生之道。另外，台灣還有另一條朝「有機健康」發展的路。台灣過去一直採用小農小耕地的模式，如果轉變成多樣化的生態種植，相對來說是容易的，再加上自古即有的食療食補文化，若再配合養生、靈修、芳香療法等新興風尚，絕對可以形成一整個令人驚豔的健康產業。

在這樣的風潮與品質要求下，食材品質勢必愈來愈重要，人們會希望吃到當令、原地、原味的食物，不只是好吃，而且要知道是哪一片土地、哪個農場，甚至是哪個農夫種出來的，「產銷履歷」已經是時代的趨勢。

二十多年前，「主婦聯盟」開始推動共同購買，現在全國各地已有許多按期訂購「特約農場」食物的人。這些年，「里仁商店」、「棉花田」……等等有機商店的成立與擴展，讓有機食材更多元化，也推出更多元的保健食品與商品。

這個時代已經可以說「有機即商機」，各個超級市場及大賣場都已經闢出有機商品的專賣區，在台灣也有許多大企業投入有機產業，以生物科技的技術，投入研發與量產。

除了企業化經營的通路之外，有許多小村莊、小農場甚至個人，也透過網路科技，或者一些公益團體、學術單位的協助，形成台灣另一種相當有趣的「部落格新農民」的現象。

「溪底遙學習農場」以及「吃自己種的米」的賴清松，算是最典型的例子，他們不只下田，還寫文章、拍照片，除了分享經驗外，也與顧客作即時互動，並且讓顧客到生產現場，找回生產與消費者間，遺落已久的信任關係。

一旦消費者知道生產者所面對的困難，就願意以較高的代價支持，若是生產者沒有後顧之憂，就能用對消費者最好的方式來耕種，以對抗經濟全球化下的低價競爭。

另外在各地區也逐漸興起各種「農夫市集」，邀請有機種植的農人們來擺攤位，讓農民與消費者面對面，透過第一手的經驗解說，讓消費者了解生產過程，並建立彼此感情。

吃附近農場種的食物，是一種環保節能的行動，也是鼓勵在地產業不至於在全球化市場中瓦解的方法。二〇〇五年在加拿大溫哥華發起了「一百哩飲食」的運動，希望每個人吃的東西都是來自於一百哩（一百六十公里）之內所生產的，其實這不太容易。有一項研究指出，在美國超市貨架上的物品，每一樣平均都旅行了二千四百公里，浪費太多運輸能源，而且因長途運輸必須添加更多的防腐劑，也多了不必要的包裝。

不過在有機健康食品興起的背後，我們也發現了在我們不注意之下，已經讓許多有毒的食物上桌。台灣許多農田與工廠混在一起，有許多小工廠沒有資金裝置汙水處理設備，直接把有毒的重金屬與化學藥劑排放到農田的灌溉渠道。據最保守估計，目前至少有六千多公頃（占全國農地百分之二）被嚴重汙染，麻煩的是，有許多汙染物是長期汙染才會導致病症顯現，也就是所謂的「環境賀爾蒙」。這些化學毒物只要非常微量，就足以對我們的內分泌系統產生干擾作用，而損害人體機能（比如戴奧辛、多氯聯苯、塑化劑、界面活性劑……）。

重金屬的汙染透過食物鏈的累積，更形成另一種恐怖的隱形殺手。據研究顯示，在台灣只要吃十公克的牡蠣，就已達到一天容許的重金屬含量；吃五十公克大型魚類，就已超過容許量十倍。

這些重金屬及有毒物質，通常累積在動物的脂肪內，因此很難透過正常的代謝排出體外。

少吃肉，或許是一種不得不的預防之道。同時，我們必須找到可以信賴的食物來源，甚至自己在陽台種菜。愈來愈多人嘗試找個農場，過著半個農夫的日子，也許這是本世紀的新生活型態。

# 要不要相信專家的話？

這世界上有二樣東西是無限的，
一個是宇宙的大小，另一個是人類的愚蠢。

猶太裔物理學家　愛因斯坦
Albert Einstein

我相信對於歷史稍微有點興趣的人，大概都會同意愛因斯坦的感慨，也有人悲觀地說：「歷史給人類最大的教訓，就是人類從來學不會歷史的教訓。」

愛因斯坦的話，我通常會在講能源問題、永續發展，或者人類文明危機的議題時，當作引言。

一般社會大眾總是認為，這麼重大的問題一定有位高權重的人負責，也有無以計數的專家正在研究與處理，反正「天塌下來有人頂」，我們小老百姓是無能為力的。

理論上這些問題應該有許多拿高薪的專家在負責，可是就像二〇〇八年金融海嘯過後，英國女王疑惑地問：「為什麼所有專家都不知道會發生這樣的事情？」

為什麼大家都視而不見？

理論上專家該為我們把關示警，可是專家哪裡去了？

在這個愈來愈複雜的世界裡，已經沒有人能清楚地理解所有事情，所以我們必須依賴專家，但是，各行各業的專家就真的不會出錯嗎？歷史上流傳著許多專家出錯的笑料：

二十世紀初，「美國國家專利局」的局長跟總統建議，專利局可以裁撤掉，因為「所有能發明的東西，都已經發明出來了」。

有聲電影剛發展出來時，全世界最大電影製片公司的老闆不看好這項技術，他說：「有誰會想聽演員講話呢？」

十九世紀末，美國萊特兄弟試飛第一架機械動力飛機時，英國最高科學研究單位，「皇家科學院」的主席很篤定地說：「比空氣重的飛行器是行不通的。」

二十世紀初，飛機已初步嘗試用在戰場上，但是第一次世界大戰協約國聯軍總司令福煦元帥說：「飛機是一種有趣的玩具，但是毫無軍事價值。」

貝爾剛發明出電話通訊時，當時最重要的投資銀行西聯匯款開會決議：「電話的缺點太多了，不可能擔負起溝通的重任，這項發明對我們沒有任何價值。」

愛迪生剛發明出留聲機，也就是聲音重現的裝置，展示給許多專家看時，一位當年最頂尖的科學家訝異地說：「這是拙劣的詐騙吧？會腹語術的人躲在哪裡？」

全錄公司發明影印的技術後，到處找企業贊助合作，居然整整四年，沒有一家公司對這劃時代的科技有興趣。

看到這些歷史事實不免令人感慨，人要謙虛一點。我們必須多了解歷史，尤其科學發展史，才知道專家曾經犯過多大的錯誤，而追求真理或事實必須有多大的耐心，必須忍受多少壓力。

許多人無法想像，一直到十九世紀，大部分科學家還相信「自然發生說」，認為把一塊髒布和乾乳酪或一些小麥放在瓶子裡，不久就會生出老鼠。

就像一百年前，外科醫師們以穿著血跡斑斑、沾滿病人膿瘡的袍子為榮，他們認為汙漬愈多，代表資歷愈深，卻無視於病人因為手術感染而死。後來一位年輕醫師推理出是這些膿血以及醫生沒有洗滌清潔的雙手，導致病人感染，進而推動勤洗手以降低死亡率，但他卻被這些資深的專家們排擠而丟掉工作。

該怎麼辦？若專家不可信，那麼我們又該相信誰呢？

更麻煩的是，我們已經進入商業及經濟利益掌控發言權的時代，也進入網路即時互動、萬家爭鳴、專家退場的時代。我們真的不清楚，掛著偉大學術研究單位頭銜的專家發表的研究結果，背後是不是由企業支持？那些網路上的言論，是不是來自哪個廠商的贊助？

網路上吸引人目光與注意的，只剩下誇張聳動的言論。公正客觀的評論者或把關的專家，在商業機制下，一個個被淹沒與淘汰。我們真的不知道誰是真正的專家。甚至，我們退而求其次，認為真正的專家與真理一樣是不存在的，我們只希望知道誰是秉持良知、客觀公正的評論者，但就連這樣的期盼也愈來愈困難，像在一望無際的沙灘上，尋找一粒珍珠。

這個困境沒有簡單的解決答案，我們只能更謙虛、更謹慎，有機會時，盡量查閱相反的意見，以期能在基本的科學基礎上，具有廣泛的背景知識，再用常識來穿透那些專家用來迷惑人的專有名詞，這才是個人的自我防衛之道！

# 大學！大學？

貢獻這個大學于宇宙的精神。

台大校長　傅斯年

傅斯年擔任台灣大學校長的時間不到二年，但他卻是台大歷任校長中最被人懷念的。

從台大校門口進去，在椰林大道旁有一座紀念他的傅鐘，這座鐘只敲打二十一下，因為傅校長說，一天只有二十一小時，另外三小時是用來思考的。

大學為什麼大？並不是校舍校園大，當然也不只是學生年齡大，當然更不是學費金額的大。大學之所以成其為大的原因，來自於精神、視野、胸襟的大，就如傅校長所想，大學精神應該是：以全宇宙的尺度心心念念般的氣魄。

這些年社會各界對大學的檢討，不外乎是平庸化、瑣碎化，另外，學生素質的低落，更是令人憂心。

記得我在民國六十幾年考大學時，全台灣的大學與獨立學院加總也才二十幾所，而當時嬰兒出生人數大概都在四十多萬人。可是現在大學數量是當時六倍多，約一百六十多所，但是我們的新生兒只有十多萬人。這麼來回一差，學生素質低落，可想而見，但我更憂慮的是——大學精神與學生自我期許的失落。

最近，大學母校的老師常邀請我回校對學弟妹演講，一次與牙醫學院院長聊天，我才知道，原來老師們對於現在的醫生汲汲於賺錢感到憂慮，希望能在他們畢業進入社會前，讓他們明白生命中除了賺錢之外，有更多不同的價值與意義，也盼望這些即將從事醫療工作的學弟妹們，能多少花一點心力在社會關懷與公益服務上，於是校方邀請我「現身說法」。

我很感動學校能看到這一點，並且敢於在畢業典禮這樣的場合做這樣的安排。（因此，對於以前在校讀書時，偶爾會惡作劇和調侃這些師長，我覺得有點不好意思了。）

其實，多年前學校遴選我為傑出校友時，我除了訝異之外，也感受到學校對於建立新價值觀的用心。因為，在學校數以萬計的畢業生中，當大官的所在多有，賺大錢的更如過江之鯽，也不乏在學術上享譽國際的人。怎麼會選擇一位平凡的開業牙醫師，而且還是一位不務正業的牙醫師？後來學校大樓重新裝潢，要從歷屆傑出校友中，選出三位做成大看板，當做永久裝飾，居然又選到我，這種種跡象或許可以說明這些專題演講的邀請原因。

因此我常思索著，為什麼學校師長對現在學生的價值觀有這麼深的感慨？

或許在時代氛圍的影響下，也不能責怪學生。試想，醫學院的學生有多少位是懷抱著悲天憫人的胸懷及救人苦難的動機而考上的？老實說，我相信絕大多數會如此做選擇，是因為當醫生在目前而言，還算是安穩且收入不錯的行業，大家才會擠破頭地搶進醫學院窄門吧？

若是以這樣的動機入學，我們能期望他們畢業後的價值觀改變嗎？我想不太容易。

不要說醫學院了，一般大學從學生社團的興衰也可以看出一點端倪。記得民國六十多年，高中與大學眾多社團中，最活躍、人數最多的大概不出下列這三個，一個是童軍團，另外就是慈幼社或各式各樣的服務隊，第三就是登山社。可是我在幾年前，曾經問過幾位頂尖大學的學生幹部，想了解現今大學的社團活動狀況，結果聽到答案把我嚇壞了。

我問他們說：「學校童軍團活動狀況如何？」

答曰：「童軍團？有這個社團嗎？從來沒聽過！」

問曰：「登山社？」

答曰：「應該還有吧？只是沒有認識的同學參加！」

問曰：「慈幼社或服務性社團呢？」

答曰：「你是指慈濟青年還是基督教團契？」

最後，我只好問：「那麼現在什麼社團最夯？」

答曰：「熱舞社、調酒社、股友社。」

問曰：「這是什麼社團？」

答曰：「就是熱門舞蹈啊！還有就是學怎麼品酒，如何調雞尾酒的調酒社，另外股友社歷史也很悠久了！」

經過這樣的震撼教育，我有機會再回母校演講時，不敢開口要求順便去找童軍團的學弟妹，怕再受到打擊。但其實，隨著時代變遷，在現今資訊化、全球化以及跨領域又高度競爭的世界裡，對一個孩子的成長與學習而言，童軍、運動以及其他服務性社團，能夠提供非常重要，甚至是無法取代的關鍵能力。

進入大學不能只是學習專業知識與技術，大學更該是培養學生對社會、對人類責任與使命感的地方，因此要從社團及社會參與中，找到自己學習的熱情與動機，才能為自己創造更豐富、更有意義的人生。

# 善用時間的方法

時間就像海綿裡的水一樣，如果你願意擠，總還是有的。

作家　魯迅

魯迅是民國初年有名的文學家，他這句經典的勵志格言，除了不斷被人傳誦之外，也被人改編使用。對於時間的運用，他還曾說過：「生命是以時間為單位的，浪費別人的時間，等於謀財害命；浪費自己的時間，則等於慢性自殺。」

的確，與人有約時，我不願意遲到，更痛恨別人遲到。到了後來，我通常隨身帶書，以備不時之需，或者跟人約在書店碰面，在等待時可以趁機逛書店。

我們常說「時間管理」，但其實時間不是我們所能管理的；雖然我們常說「時間就是金錢」，但是時間與金錢不同——錢可以管理，因為通常所謂管理是可以累積儲存，並且加以運用。

建築師也是創意專家姚仁祿先生，曾經從簡單的角度，說明時間管理的真正意義，他說：「我們只能說，早上醒了就起來，晚上累了就睡著；在這段醒著的期間，順著因緣，把時間變成礦產一樣的資源，在適當的時候開採出來，讓人家在這個時段中間，得到一些分享，自己也感到開心。這是面對時間資源，比較正確的態度。」

他進一步強調：「即使為了完成一件事，我們得設定某個時間，做為完成目標。只是，這種時候，我們也不能管理時間。我們只能在一定的時間資源內，利用知識判斷事情將會如何發生，然後，用我們的經驗，讓有能力促使它發生的人聚在一起。能夠如此，我們就是促成這個緣分發生的重要催化劑。」他認為，我們不要想管理時間、擁有時間，我們只能在時間中，促成事情發生。

因此，真正的問題不在於「管理時間」，而是「管理自己」，我們需要的不是「節省時間」，而是「節省工作」。我們抱怨時間不夠用，是因為我們沒有認真想清楚，究竟我們要什麼？什麼是我們生命中真正看重的？

當我們看清楚生活中的輕重緩急，並依此而調整優先順序，把想做的事都做了，就不會惶然，而能夠增加自己生活的滿意度。

設定優先順序，最重要的是決定「哪些是必須捨棄」的：分析自己一天二十四小時，一星期七天大概都是怎麼過的，挑出可以捨棄的項目——除了工作，以及為了別人不得已需花費的時間之外，剩下可利用的時間，有多少是被自己習慣性的行為不知不覺消耗掉了？

著作在韓國非常暢銷的金蘭都教授，很具體地建議應該從事的行為：放下線上遊戲，多閱讀。停止網路衝浪，多讀報紙。看電視，不如觀賞電影。別只是空想，要多思考。聊八卦，不如與人深度交談……

現代人真的花太多時間在網路上了，這些年行動通訊設備的普及，全面改變了我們的生活，有人如此形容：原本應該帶來自由的科技，卻創造了手銬，將我們的思緒綑綁在片斷零碎的訊息中。

我們以為善加利用時間，可以同時處理很多事，其實所完成的零星小事，只是創造出非常有效率的假象，當我們一整天都被這些說不清楚的雜事占據了，反而令我們很沮喪。因為我們需要完整而集中的時間，做我們覺得真正重要的事，才會覺得生活是有意義的。

把時間花在我們覺得重要的事上，這是運用時間的關鍵祕訣。這些事也許是我們的夢想，也許是陪伴我們深愛的人。

有人解釋：「什麼才是真正浪費時間？沒有為你生活中有一席之位的人，騰出足夠的時間。」的確是如此，因為人的幸福感主要來自於人與人的關係，尤其是我們所看重的人。

詩人威廉．考柏也這麼說：「真正快樂的唯一來源，是為了某種我們看重的意義而花費我們的時間、我們的生命。」

因此，管理時間和運用時間，重點在於：找到我們渴望的事，然後每天空出時間真切地去做。

# 移動的聯想

有了汽車，距離不再是問題，

但是，人與人，人與自然的距離，卻愈來愈遠了。

佚名

年輕時到哪裡都開車，這些年只要有大眾運輸工具可以到的地方，我就盡量不開車，包括旅遊也是，以前用四輪環島旅行，後來用兩輪，現在改用雙腳漫遊台灣。

這一方面是為了節能減碳，另一方面是為了更貼近自然。

我發現像我這樣改變的朋友愈來愈多，這些年來，「節能減碳」四個字，從政府到民間已成為朗朗上口、片刻不離的口號，也曾爆發騎自行車的熱潮，甚至夯到生產線供不應求，訂單排到幾個月後才能交貨。

對於「節能減碳」與「騎自行車」這兩種風潮，站在台灣的永續發展或民眾生活型態的轉變而言，我們當然是歡迎且極力支持的，可是卻又不免擔心，這會不會淪為活動或者變成休閒的一種選擇而已，更糟糕的是，為了辦活動反而浪費更多資源，而腳踏車買來騎沒兩次，就變成家庭的「大型垃圾」。

若真心想透過騎自行車，推動節能減碳的目的，就必須將自行車變成日常的交通工具。政府該做的事情就不是在假日的風景點辦辦活動，或象徵性封閉一天車道，而是要建構對自行車友善的市區環境，包括街道硬體設施的改變、法規的調整以及各種社會條件的配合。甚至，想推動「無車」的概念，就不應該再投入龐大的經費在「以小客車為主」的道路建設，應該將有限的資源花在大眾運輸系統，尤其應該以軌道運輸（如捷運地鐵）為主。

從歷史來看，美國之所以形成如今為人詬病的高耗能生活形態，大概得歸因於汽車文化的盛行，但為何與歐洲一百多年盛行不墜的軌道運輸系統分道而行？其中有一段令人感慨的商業競爭祕辛。

一九二〇年代，美國汽車產業發展出生產線的工業流程，能夠大量生產降低成本，為了大量推銷，擴大需求，這些汽車公司祕密收購了紐約、洛杉磯、芝加哥等一百多個城市的電車系統。他們買下電車公司之後，不去經營，反而拆除了電車車軌和高架電線，然後轉型為公車，當然新的公車就是由他們的汽車產業來製造。同時，他們也透過政治游說，把建造汽車行走的馬路列為政府基本開銷，甚至將城市與城市之間，州與州之間的道路建設變成政府稅收支出的主要項目。因此，電車業在美國被小汽車打敗，退出市場。幾十年來，美國透過強大的商業與政治力量，將汽車文化推展至全世界各國。

唉，若不是當年商業與政治的密謀，今天全世界城市都將享有節能、安靜、不塞車且載客效率高的電車服務。想到俄國莫斯科在一百年多前就有六層的地鐵，真令人非常感慨！

台灣地狹人稠，而且面對後石油時代，理當將有限的資源用於全力發展大眾捷運系統，而不是建設一條又一條汽車走的馬路，讓地面以及空中充斥著一環又一環的快速道路。除了面對未來的能源考量之外，單以台灣的面積與發展來看，我們也應該取法歐洲，而不是學習美國。台灣的土地面積小，不像美國地大，城市與城市間都以公路系統為主，我們應該學歐洲，城市間以軌道式的大眾運輸系統串連。歐洲的地鐵已有一百多年歷史，方便的路網早已是所有民眾最平等也最安全方便的交通工具。

多年前看過一位從事都市規畫的建築師寫的雜文，其中提到，台灣在六、七〇年代，進行城市規畫的選擇時，政策錯誤，將有限資源放在建設大馬路而不是蓋捷運，他以「小人之心」揣測說：「那些大官當然希望開闢又寬又大的公路囉！大家看得到嘛！而且又有一大堆前導車來擺場面，如果我堂堂一個高官出訪或巡查，只能在地鐵裡鑽來鑽去，如何顯現我的威風？如何動員老百姓夾道歡迎，塑造萬民擁護的形象呢？」

的確，台灣都市的捷運系統太晚才興建，當老百姓已經買車在縱橫交錯的大馬路上奔馳，營建捷運已不只提高社會成本，都市硬體結構形成後也不太容易再改變了。更何況，至今台灣各個城市，勉強算有大眾運輸系統的只有一個台北市（高雄才剛剛起步），逼得我們離開台北後，不開車好像也寸步難行。

為了因應未來能源短缺及「京都議定書」對二氧化碳排放的管制，台灣的確必須在交通政策上做出符合時代潮流與現代趨勢的調整。許多歐洲的城市，比如丹麥的哥本哈根，有百分之三十以上的人騎單車通勤上下班，這大幅降低了道路上小汽車的廢氣排放與能源的耗費。

反觀台灣，若是只在「地球日」或是「無車日」才騰出馬路讓單車得以出現在市區，老實講，那只是毫無意義的作秀。要讓單車真的能夠上路，一定要立法及改變政策，否則以目前的狀況，在市區內騎單車是非常危險的事，我有一位朋友，最近就在路上騎單車時，被小客車從後面撞上而過世。

這個世紀，各國都體會到環境問題的重大挑戰，因此二十一世紀可以說是環保與節能的世紀，各國都積極推動以綠色運具為運輸的主軸，也就是以行人、自行車及大眾運輸為主，由汽車的公路系統轉換成軌道系統。但是台灣卻還停留在七〇年代的思惟模式，不斷地增建快速道路、高速公路，鼓勵使用耗費能源、造成空氣汙染、增加排放二氧化碳的交通工具，這看在許多關心台灣永續發展的團體眼中，心裡實在非常著急。

盼望台北公共單車「微笑單車」試辦成效不錯之後，能給中央政府以及各地方政府更大的信心，慢慢改變我們交通運輸的習慣。

# 美好的時代已過了？

很多事情都不能指望，最糟的事情老在發生，
你得要有滿滿公車的執念，才能讓自己過下去。

美國搖滾歌手樂手　路易斯・艾倫・里德
Lewis Allen Reed

曾經，林懷民在歐洲大玩特玩之後，在飛機回台北途中，跑到盥洗室痛哭一場，因為他覺得美好的日子已經過去了，以後就得負擔責任了。

多年前聽到這個故事之後，一直把它留在我心裡。當時才二十六歲的林懷民，在美國完成學業後到歐洲旅行，返台之後就創立了「雲門舞集」，也開始了他忙碌奔波的生涯。

這些年來，在我內心深層也一直有著——「美好的時代已過去了」這樣的喟嘆。不只是因為近年的經濟低迷，而是整個世界受全球化的影響，加上通訊科技進步，造成了迅速的變化與緩衝區的消失，這般以全球為範疇的競爭，使每一個人的壓力更大，生活更忙碌。

對於未來，我們能確定「快速變化」與「不確定性」就是常態。每個人必須更辛苦地不斷學習與競爭，才能在未來的世界裡存活。

多年前林懷民感慨「美好日子已過去了」，單純是他認知到個人的使命感與責任感，所以必須承受壓力。但是現在我們所謂的「美好的時代已經過去了」，卻是全世界，每一個人都必須共同承擔的未來。

最近這幾年，我經常擔任政府或民間機構有關獎勵青年的各種評審，因此有機會與志在社會公益服務的青年團隊共聚一堂，分享成果與交流經驗。雖然各個團隊在活動的規畫與舉辦，都已經有一定的水準，但是如何長久維繫團隊，如何建立新的願景，以回應社會新的需求，這恐怕是相當大的挑戰。

在全球競爭下，營利機構已不易存活，非營利機構的發展更形困難。如何因應時代，找到新的定位，應該是大家念茲在茲的。向歷史或大自然學習得知，許多在舊時代適應最好、最成功的優勢物種，當環境改變，卻是調整最慢，也最容易沒落消逝的！換句話說，過去讓你成功的因素，將成為面對新環境時，最大的阻力。

因此，身處這樣的時代，我們別無選擇，只有不斷努力、不斷學習！

# 語言的意義

世界上絕大多數的意義，
都在我們的能力不足裡無所察覺、隨風而逝。
能力及語言的限制，也就是生命的限制。

作家　南方朔

語言承載思想，語言豐富細緻，代表思想豐富細緻，要改變思想，要先改變語言。

據說住在極地的民族，會有五、六十種詞語形容雪的不同；邊疆的遊牧民族也用六、七十種單字，描述不同花色與樣貌的馬。當我們愈是關心，想得愈深，分辨的能力就愈強，就會發展出更多、更細膩的語言來對應。

若這種論點是正確的，那麼目前社會的發展就令人擔心了，因為全世界的言語溝通愈來粗糙，簡直快速地弱智化，更麻煩的是語言的暴力，甚至為了一己私利與機心而將語言扭曲。不知道是不是網路盛行的影響，總覺得現在的人，尤其年輕人，言語愈來愈粗魯，無法使用委婉及禮貌的話語，而政治人物隨意操控語言、顛倒是非，更令人嘆息！

華人性格裡一直有著「名不正則言不順」的顧慮，所以演變出令人驚嘆的文字修飾功力，這在我讀小學時就深深體會。記得當時少棒比賽是國家大事，在威廉波特的世界少棒現場轉播，更是每個人絕對不能錯過的，往往半夜看完比賽，第二天還是把所有報紙買齊，仔仔細細地重溫精彩的比賽過程。

當年《中國時報》頭版標題：「中華隊大勝日本隊。」當然是我們贏，可是《聯合報》的標題這麼寫：「中華隊大敗日本隊。」哇！中華隊真是太厲害了，不管是「大勝」或「大敗」都是我們贏！

這種文字運用之妙，不只媒體記者會，官員會，連我們平凡的老百姓，也經常因為立場或情緒而有不同針砭。比如說，同樣個性，與我們同個圈圈的人，我們說他思慮周密，若是我們不喜歡的人，就批評他城府很深；同樣表現，我們情緒好會稱讚幽默風趣，情緒不好會說三八噁心！

這些年，報章或官員民意代表口中說得冠冕堂皇、義正辭嚴的：「保護民眾身家安全，重要的治山防洪計畫。」一到了現場看，絕大部分只是假藉工程而實際主要為利益輸送的不當建設，令我非常痛心。上行下效，「硬拗」的風氣簡直無處不在，再加上華人高超的語言與文字藝術推波助瀾，事實真相就淹沒在似是而非的言論裡。

記得孔子當魯國大官時，他一上任就想殺掉沒有實際犯罪的少正卯，只因為他太會講話，顛倒黑白。哎！以孔老夫子的標準，他若來到當今的台灣，打開電視，翻閱報紙，我看那些電視上絕大部分的名嘴們，恐怕腦袋都要搬家了呢！

我們都必須對語言的使用多一點警覺，並且重新找回語言的敏感度與能力，對此，我建議多閱讀詩集，這或許是一個好方法。

# 什麼是教育？

當在學校所學的一切全都忘記之後，還剩下來的才是教育。

猶太裔物理學家　愛因斯坦

Albert Einstein

學校的考試往往有一定的考試範圍、一定的考題型式，在準備上的確有方法、有技巧可學習，甚至臨時抱佛腳也有一定的效果。可惜的是，人生面對的問題與學校的考試完全不一樣，因此，把用在學校考試學會的技巧，運用到真實人生，根本沒辦法發揮作用。

看過一則「當代寓言」，某個歐洲的貴族式住宿學校，會在大考前一星期帶學生出去旅行，並且不准學生攜帶課本或有關於考試內容的教材，然後旅行完一回學校，直接進教室考試。

這種作法大概符合愛因斯坦的主張——當你把強記背誦所得的知識全都忘了之後，剩下的東西，才是你一輩子帶得走的智慧。

還有一個令人難忘的寓言。

有位熱愛武術的年輕人，歷經艱難，總算找到一位大師。年輕人向大師請教：「我想學會第一流的武術，那必須學多久？」

大師說：「至少十年。」

年輕人又問：「十年太久，我如果加倍用功，那需要多久？」

大師回答：「那就需要二十年。」

年輕人有點困惑：「如果我日以繼夜，全力練習，那要多久？」

大師回答：「那就三十年。」

年輕人愈來愈疑惑：「為什麼我愈用功，反而需要愈長的時間呢？」

大師回答：「如果你眼睛一直認定一個目標，你哪裡還有眼睛看見自己呢？」

的確，許多學問與技能，進入初學的門檻之後，已不再是技巧的反覆練習，而是個人生命的體會與境界。（以現代人的角度來看，是否有創意，才是勝出的關鍵。）

攝影大師柯錫杰就曾說：「相機不過是道具，最重要的是眼光和心。」因此，他強調若真的要把攝影學好，不是那些技巧解說能告訴我們的，應該多去看表演、看舞蹈、看名畫，去聽音樂，去讀各種領域的書。

換句話說，要用全身每一個細胞去感受，去了解這個世界，把我們的心充實，景物才能在我們透過眼睛觀看時，給予我們最大的回饋。

我想，攝影如此，人生其他領域的學習也是如此吧！

人生不像考試，有標準答案，有明確不移的目標，生命太複雜多變，有無數瞬間聚散的變因影響著我們，因此若只追求單一具體目標，那個目標很可能成為我們的束縛、我們的限制。

如同武術大師所提醒的，要放空，無所求，留出空間觀看自己，保持輕鬆開放的態度，不要斤斤計較，然後接受不確定的未來和生命的種種可能。

當我們不再執著，願意放下過去所學，才能夠迎向全新的未來。

# 寫給在組織裡的你

一開始你排斥它，後來你習慣它，
只要時間夠久，你最後變得離不開它，這就是體制化。

美國作家　史蒂芬・金
Stephen Edwin King

自從我看了《新世紀飲食》以及《還我健康》這兩本書之後，多年來，有一句話迴盪在我腦海中：「善良的人，在體制裡做著邪惡的事。」。作者約翰・羅賓斯以許多具體的事實檢討醫療體系或畜牧業的現況，然後他不得不發出這樣的喟嘆。

在《還我健康》這本書一開頭，他就寫了一個寓言故事：

某個國家的人民不斷地掉落懸崖，受傷嚴重。因此醫療機構在各地設置了救護車隊，以便使受傷的人接受最現代化、最新科技的治療，他們為了拯救生命，在所不惜。

可是當有人建議在懸崖設置欄杆，防止人民掉落時，許多人卻忽視，甚至反對。救護車司機不贊同，醫療器材的廠商不同意，醫學界權威人士也說話了：「這問題比大家想像中要複雜，人命這麼重大的事，應該交給專家處理……」

當因某些需求而衍生出的事務發展成體制後，最大的特色是會產生許多體制內的層級，以及標準作業流程。一件事被分割成瑣碎的程序，然後由許多不同階層的人管理節制。這些手續淹沒了真正的目的，愈接近現場的，愈沒有權力，實際執行的人無法負責；而理論上能負責的人，卻完全感受不到執行的結果。

官僚體制的邪惡，在第二次世界大戰，納粹掌權下的德國最為明顯，當然也算是最極端的例子。人人在體制裡當一顆小螺絲釘，無法思考，也不能決定什麼事，或許偶爾發現不太對勁，但是卻又無能為力。

目前世界也陷入這個困境，比如全球化經濟體制。雖然我們知道，地球的自然資源無法支撐「鼓勵大量生產、大量消費，然後大量廢棄」的經濟體制，但是人人卻又束手無策，就像同處在一列失控的火車上，列車正不斷加速往前衝，現在拒絕全球化，如同跳下火車，你馬上就摔死。

但是我們也都知道，失控的火車終究會撞毀。

除了體制之外，組織也是個會自我成長、超越控制的怪獸。多年前看過一個寓言故事：

在某一處屢屢發生船難的海岸上，由於罹難的人太多，所以有些熱心公益的人士，搭了一座簡陋的救生站，也號召了一些熱情的志工輪值，在救了許多寶貴的生命之後，這座救生站的名聲愈來愈大。

名聲一經傳開，就有許多捐款湧入，救生站增添了許多設備，培訓許多救生員，簡陋的環境也變成了一棟舒適宏偉的大樓。人們經常在那裡舉辦各種聯誼活動，救生站漸漸地變成了俱樂部，救生行動愈來愈少。船難仍然不斷發生，但是在忙碌的活動之下，已經沒有多少人有心情餘力去關心了。

這則寓言一直警惕著我，因為過去二十多年裡，我一直都是「組織人」，幾乎所有業餘的時間都投注在建構組織、發展組織，我擔心即便以社會公益為目標的良善組織，最後都可能會長成「只投入建構組織而忘了原先目標」的怪獸。

記得多年前曾看過一個國外的調查研究，發現許多公益團體超過的百分之八十的募款都耗在行政費用，只剩不到百分之二十真正花在他們原本想做的事情上。

這值得每個有志於公益團體的伙伴深思與自我惕勵！

# 也無風雨也無晴

## ——細數典範

# 也無風雨也無晴

莫聽穿林打葉聲，何妨吟嘯且徐行。
竹杖芒鞋輕勝馬，誰怕，一簑煙雨任平生。
料峭春風吹酒醒，微冷，山頭斜照卻相迎。
回首向來蕭瑟處，歸去，也無風雨也無晴。

宋朝詩人　蘇東坡

學生時代的我，喜歡李白的擊劍任俠、曠放瀟灑，那種帶點頹廢不羈的性格，剛好符合我當時的自我期許，那與崇拜唐吉訶德挑戰風車巨人的豪情壯志一般。

可是隨著年齡漸長，逐漸瞭解世間人際互動與許多無可奈何之後，我就愈來愈喜歡蘇東坡了。他的詞文選輯，以及林語堂先生所著的《蘇東坡傳》一直陪伴著我，久而久之，他成為我生命中追隨與效法的典範。

蘇東坡才華洋溢，可與西方的達文西並列為絕無僅有的天才人物，但是東坡在人格與處世態度上，更令人激賞，就像林語堂所形容的：「蘇東坡是個秉性難改的樂天派，悲天憫人的道德家，是黎民百姓的朋友，是工程師，是假道學的反對者，是月下散步者，愛開玩笑的人，也是心腸慈悲的法官……」

學者評論蘇東坡，氣質上兼有孟子的豪放、莊子的詼諧、陶淵明的自然、李白的飄逸、杜甫的熱情……他有其他人難以企及的人格，有傲岸的、尊嚴的、絕對自由和不屈服的心靈。他知識過人卻保有赤子之心，生性幽默也常自嘲；他是理想主義者，卻能認清現實，又不與現實妥協，總能在困頓的處境下，找到安適的自處之道。

東坡自知「滿肚子不合時宜」，但是也安於接受不合時宜的下場，他的詩文中，雖有對坎坷不平的悲切之情，卻也能體會人生如夢，不必太計較。

或許因為東坡，我也同樣享受著自己「不合時宜」的習慣，即便知道自己與主流社會格格不入，但是也能淡然安心地看待。

讀高中時，一些較著名的學校班級，流行編班刊，也就是在校刊之外，傾個別班級之力，編出一本媲美校刊的班刊。當時建國中學有二本歷史較悠久且著名的班刊，一是代表社會人文組（一班）的《涓流》，另外是代表理工自然組（二十四班）的《建雛》，我擔任了第七期《建雛》的總編輯。

《建雛》第一期的編輯，把蘇東坡的這首詩放在刊頭：「人生到處知何似？應似飛鴻踏雪泥。泥上偶然留指爪，鴻飛那復計東西？」

一隻大鳥倏忽飛來，然後在雪上瞬間停頓，留下爪印，然後立即飛走，這意象用來形容人生短暫或時光機緣稍縱即逝，當雪融解後，這痕跡也隨之不見，但是不管痕跡明顯或短暫，那隻飛去的大鳥老早就不見蹤影，也不會在乎了！

在這種感慨惆悵的意象上，《建雛》封底又以「寧鳴而死，不默而生」當作班刊精神，將看似兩個極端的生命觀並列，正可以看得出，人是多麼複雜且矛盾的生物啊！

蘇東坡的〈定風波〉：「竹杖芒鞋輕勝馬，誰怕，一簑煙雨任平生。」以及「回首向來蕭瑟處，歸去，也無風雨也無晴。」這兩句話，我這三十年經常反覆吟誦，那對我來說是提醒，也是撫慰，更是我面對紛擾世事的態度。我知道，天下事無論多艱難、痛苦都會過去，不必等到事後回顧，蘇東坡讓我在事情來臨時，就能以更開闊的視野來面對。

# 悲欣交集的人生

雞犬無聲天地死，風景不殊山河非，醉時歌哭醒時迷。
一顆頭顱一杯酒，披髮伴狂走，莽中原，暮鴉啼徹。

弘一大師　李叔同

弘一大師李叔同一生的選擇，總是令我困惑，雖然在理智上可以理解，但是在現實情感上，還是覺得不可思議。

在三十九歲以前，李叔同是個狂放瀟灑的才子，有天縱的藝術才情，民國初年不管在上海或日本，都是引領風潮的知名人物。他引進西方的舞台劇，首開中國畫裸體模特兒的創舉，以西洋音樂編曲作詞，流傳至今的離別名曲「長亭外，古道邊，芳草碧連天」就是他的創作。

可是他卻在創作、教學、生活過得非常順遂之時，突然出家當和尚，而且皈依的是戒律最嚴格，像苦行僧般的佛教律宗。

我困惑的是，沒有遭遇任何生活上的打擊或困境，他居然可以——從最繁華的頂峰走入最寂靜的苦行。

他如何能自此藏盡鋒芒，褪盡光彩，見人只說「阿彌陀佛」？

他如何能抗拒龐大壓力，不顧親人、朋友與社會的訝異，選擇了差異這麼巨大的生活樣貌？

他出家前應該是非常狂傲的人，這可以從他寫的詩句：「醉時歌哭醒時迷」、「一顆頭顱一杯酒」看出。我也相信他在自然生命裡有所體會，所以留下了「某山某水留奇跡，一草一花是愛根。」這樣的句子。

弘一大師出家後生活非常刻苦，但是他非常認真，對於民國初年佛教的發展有很大貢獻，不過他卻自稱「二一老人」，一則認為自己「一事無成人漸老」，另外認定自己像清初詩人吳梅村〈絕命詞〉所寫的「一錢不值何消說」，因為這兩句開頭都是一，所以用來做自己的別號。

大師出家前的學生豐子愷，曾敘述老師出家的因緣：「我以為人的生活可以分為三層，一是物質生活，二是精神生活，三是靈魂生活……物質生活就是衣食，精神生活就是學術文藝，靈魂生活就是宗教。」

我們大多數人都住在第一層，追求物質財富、名利地位、家庭和樂、孝子賢孫等等等。有部分人厭煩了第一層，爬到第二層去玩玩，埋頭進入文學、藝術、音樂……等精神世界。偶爾有另外一種人，認為財富、子孫都是身外之物，學術、藝術創作也都是暫時的成就，連自己的身體都是虛幻的存在，於是轉而追究靈魂的來源跟宇宙的本質，進入到第三層。

弘一大師在圓寂當天下午，端端正正地在桌前寫了「悲欣交集」四個字，交給寺院的師父，然後默念佛號，離開人世，留給世間永不磨滅的典範。

# 而今何事最相宜？

昨夜松邊醉倒，問松：「我醉何如？」
只疑松動要來扶，以手推松曰：「去！」

宋朝詩人　辛棄疾

高中時我參加學校的童軍團，加入新增的小隊，所以有機會為自己的小隊命名，我取名為「稼軒」，用辛棄疾的字，因為我喜歡他寫的這闕詞。

我們人生經常有挫折困頓的時候，潛意識裡總盼望有力量支持，「松」就是這種外在力量的代表，但是英雄如辛棄疾，即便醉中仍能大喝：「去！」不屈服地靠自己的力量挺然而立！

為什麼這一段詞讓年輕時的我這麼喜歡？它是否影響了我往後的人生？

我不太確定，但是從學生時代至今，我一直很清楚好逸惡勞是人的本性，追求舒適的物質享受似乎也是人之常情，但是我期許自己也可以在誘惑來時大喝一聲：「去！」靠自己的力量挺立。

一個人的力量有多大？這要看他是否真心傾聽來自心裡的呼喚。如果你能回應自己心中的召喚，並且確定這召喚對別人有好處，那麼就不要管你夠不夠聰明能幹，有沒有知名度，有沒有足夠的錢，請勇敢地跨出第一步吧！放手去做，你需要的東西，老天必然會給你。

我一直這麼相信。

因為這些年在許多公益團體中，我看到太多的實例了！

生命的精彩，就在真誠地面對每一個因緣，活在當下，盡力去做任何值得做的事情。

在以團隊合作為文化的「荒野保護協會」中，我們通常不去突顯一個人的功勞，更避免造成偶像或英雄崇拜，因為我們知道任何事情的完成，都歸功於無數看得見與看不見的幫忙，以及俱足的因緣，因此荒野伙伴們心中往往只有感恩，沒有自我膨脹。

但是，仔細探究一件事情的完成，團隊中總有一個人或數個人，無怨無悔，奮戰不懈，盡情展現他們生命的能量。

過去幾十年，我花了很多時間參與各種公益團體，也大多擔任幹部角色，是個「組織人」，但是從我五十歲生日之後，我期許自己從組織人，變成一個不掛任何組織頭銜的「自由人」，一首不知誰寫的小詩，是我目前的座右銘：

我只是一個人，
但總是有了一個，
我不能樣樣都做，

但總有些事我可以做，
又因為我不能每件事都做，
所以，我不會拒絕我辦得到的事。

我將時間用來做自己喜歡做的事，親自動手幫忙，不再因為掛個頭銜而出席會議致詞……換句話說，人生的下半場，我要親手做每一件事，而不是透過組織或團體來完成。

一個人可以做什麼事？

我想起幾年前曾接到某個機構打來的電話，那是場座談會的邀請，我答覆說：「我會去。」只聽到電話那端傳來嬌滴甜美的聲音說：「好，那我把你給勾起來！」

掛上電話，我覺得很有趣，想像那位負責聯繫的小姐，一定是一邊拿著話筒，一邊拿著筆，在一張名單上面打勾，好確定自己是否順利完成任務。

哈，那我把你給勾起來！

我忍不住笑意，想著那個畫面，以及那句脫口而出的話，同時也想到「名單」這件事。

一個人只要活著，腦海中無時無刻都會浮現許多不同的名單，不同的組合。小到你要約哪一個人去吃飯、看電影、唱歌，大到你想選擇哪一個工作，選擇哪一位老闆，在潛意識裡影響我們決定的，是那件事背後牽涉的一連串名單。

「會不會被別人利用了？」

我覺得一個人可以被利用，表示他還有用，應該覺得高興才對。

孟子說：「與人為善。」所以我常常提醒自己要盡力成為那個善意的源頭，假如看到別人做好事，自己能助上一臂之力，反而是我們要謝謝別人才對啊！但我也以辛棄疾的另一闋詞來提醒自己：

萬事雲煙忽過，百年蒲柳先衰。
而今何事最相宜？宜醉宜遊宜睡。
早趁催科了納，更量出入收支。
乃翁依舊管些兒，管竹管山管水。

我從這首詞中摘錄下二句，這些年在歲末賀年卡中最常當作題詞：

而今何事最相宜，宜遊宜醉宜睡；
乃翁依舊管些事，管竹管山管水。

辛棄疾內心的轉折，來自於生命不同階段的變化，但是我卻希望自己心中同時有這兩種力量在平衡著——一種是儒家積極入世的態度，另一種則是道家歸返自然的哲學思想。

我期許自己，可以認真也可以豁達，既執著又飄逸，在努力貢獻社會時能夠不陷於名利的泥沼，在放手獨處時也不會覺得失落喪氣，這是我所嚮往的生命境界。

# 難得糊塗

聰明難，糊塗難，由聰明而轉入糊塗更難。

放一著，退一步，當下心安，非圖後來福報也。

清朝文人　鄭板橋

蘇東坡曾經寫過一首〈洗兒詩〉：

人皆養子望聰明，我被聰明誤一生。

惟願孩子愚且魯，無災無難到公卿。

東坡因為鋒芒太露、名氣太高，遭小人忌恨構陷入獄，差一點含冤而死，這首詩應該是他心有所感，情緒一時激憤而寫的吧？

他貶至黃州時，曾寫信給朋友，表達他的自省與覺悟，認為自己過去最大的毛病是炫耀自己的聰明，才華過於外露。在歷經九死一生後，他將這些天賦才情昇華，融入淡泊與靜定的生命智慧。

在古代作官，所謂伴君如伴虎，聰明如清代大臣劉墉，他體會的為官之道是：「該糊塗時別明白，該明白時別糊塗。」

在民主時代，當然不必這般戒慎恐懼，但是在複雜多變的社會中，人人擔心吃虧，擔心被別人騙了，因此處處計較，所謂機關算盡。

我總是覺得人不必活得這麼辛苦，若是把陌生人都當成壞人，認為接近你的人都想占你便宜，一定會把自己折騰得很不快樂，更談不上平安幸福了！

忘了是誰說的：「要比別人聰明，但不要讓人家發現，你比他更聰明。」

或者可以從另一角度來看，如清朝大學者錢泳所說的：「須於聰明中帶一點糊塗，方為處世守身之道。若一味聰明，便生荊棘，必招怨尤，反而不如糊塗之為妙用也！」

的確，我們在社會上或各種不同團體裡，總會看到長袖善舞、鋒芒畢露、尖酸刻薄，或者精明幹練，錙銖必較的人，只要我們觀察得久一點，人生走到後來，這些太過聰明的人，下場其實都不太好。台灣俗諺有云：「天公疼憨人！」就是對「吃虧的老實人」的一種珍惜與肯定吧！

我以「難得糊塗」四個字提醒自己，不要因為書讀得愈多，反而離天真質樸愈來愈遠，緊記孔子所說的：「文勝質則史。」賣弄聰明的人，反而顯得虛浮不誠懇，正如羅馬哲學家席內卡嚴峻的批判：「自從出現了有學問的人，就再也沒有正直的人了！」

另外，「難得糊塗」也提醒著我，不要與人計較，別人真的想占我們便宜，如果我們還承受得起，就算了，這也是鄭板橋所說的：「放一著，退一步，當下心安，非圖後來福報。」

# 讀詩的心情

錦瑟無端五十絃，一絃一柱思華年。

唐朝詩人　李商隱

秋天是讀詩、念詩、寫詩的季節。

每到秋天，我早上起來總會泡杯咖啡，然後從書架上隨意抽取一冊詩集，躺坐在陽台上讀詩。在我的閱讀習慣中，尤其這些年，純文學的書占閱讀時間的比重不算多，真有「閒情逸致」念念詩，大概只有在浪漫的秋天了！

詩要朗誦，要低頭吟詠，要徘徊逡巡。

讀詩最不需要的大概就是要求讀懂，要求解釋，當真要把字解釋清楚，那種字詞排列的音韻，那種字裡行間只可意會的氛圍就全都死了。當年課本中的詩詞，全因為要考試，所以被我們給讀死了。

讀詩的人不一定要成為詩人，但是在生活中培養一點詩心是重要的，詩心是一種虔誠之心，也是以不同視野看世界的觀照之心，更是凝視生命美好的心願與能力！

不過，李商隱的詩，還真是難懂。

難懂的第一個原因，如同閱讀一般古詩詞，甚至現代的新詩或文章，面臨同樣的問題：沒有足夠的背景知識。

寫文章難免會用上「典故」，典故可以增加文章的密度，用最少的字句，來承載最深刻的意義。但是典故用得多，會形成不同時代閱讀者的困擾，比如我們若以現在人盡皆知的新聞事件，寫成雙關語或反諷，過了幾年，看的人就莫名其妙了！

難懂的第二個原因是李商隱把詩當成詞來寫。

一般而言，詩是顯意識活動，而詞是隱意識的。再加上李商隱詩中描述概念的形象多是想像，多是現實中所沒有的，不像一般詩人所用的形象，如鳥、松樹、白雲，都是現實生活中存在的。

但奇妙的是，就算你完全不懂李商隱的詩，卻還是會喜歡。這就像我們碰到一個女孩，雖然不知道她的名字、不知道她的興趣、不知道她的工作，但是只憑直覺，我們就被她打動了；也像我們看一篇文章、看一部電影，或許我們沒有能力分析為什麼好，但若是觸碰到心裡的那一點，我們就被感動了！

話又說回來，不知道典故，也許仍然喜歡李商隱的作品，但若我們知道典故了，那種感動與體會的層次，將更深刻。就像我們觀察自然，沒有任何背景知識，也不知道生態系與環境相扣的奧妙，我們仍然可以讚嘆，但是一旦我們深入探索，那種讚嘆就不是那麼表面與膚淺了！

有較豐富的背景知識，有助於我們欣賞任何事物，隨意舉李商隱詩句「滄海月明珠有淚」這句來看。我們都知道，珍珠生於蚌中，蚌又出於海上，民間傳說，每當半夜月明時，蚌向月張開，以養其珠，珠得月之光華，才會如此晶瑩剔透；又有傳說，鮫人（海中的人魚）泣淚，顆顆成珠。

於是，月本天上明珠，珠似水中明月，淚以珠喻，自古皆然。因此，皎月落於滄海之間，明珠又浴於淚波之域，月也，珠也，淚也，一化為三，三者合一，短短七個字可以呈現如此豐富的內涵與聯想，這在李商隱的詩中，隨處可見。

秋天清晨，我在家中的陽台讀詩。

搬到花園新城的梅崗樓之前，雖然知道台北盆地北邊有座觀音山，淡水河出海口左側的五股溼地就在觀音山腳下，右側關渡自然公園是大屯山脈隱沒處。但是這是從資料得知的，當初得知時，我從來沒想到，觀音山會與我在生活中日夜相見，朝夕相處。

花園新城座落於新店烏來山區，位在台北盆地的南邊，從梅崗樓一望，剛好可以橫越整個台北盆地，從大屯山的尾巴一直到整座觀音山盡收眼底。我家的書房、客廳、臥房，整個牆面都是落地觀景窗，一回家不管走到那哪裡，觀音山就看著我，我也看著觀音山。

新店溪蜿蜒地從山腳下流經台北盆地，在錯落的山巒之間夾雜著一簇一簇的高樓大廈。我看到的台北盆地與一般人不太一樣。「幾重山隔幾重水，一日身閒一日仙。」這句話不僅是我視野所見的風景寫照，更是心情的最好描述。

早晨在陽台讀完詩，看著台北盆地裡小如螞蟻的人車流動，我總會嘆口氣，自言自語：「又要進入紅塵俗世了。」

# 典範失落的年代

肉體罷工時，精神將它喚醒。

雲門舞集創辦人　林懷民

這真是一個典範失落的年代！這也是一個令人迷惘的年代！

在現今媒體誇張、血腥習性，與狗仔隊無孔不入的追蹤下，昨天還受人尊敬的企業家，到了今天可能變成黑心、唯利是圖的商人；不久前是令人崇拜的英雄，反轉成遭人唾棄的狗熊！

到底還有那些人可以信任？有那些理想不會變質？當我們心中沒有了典範可以追尋，沒有了永恆不變的價值可供我們安身立命，很容易變得虛無或犬儒主義式的憤世嫉俗。

幸好，在文化和藝術領域，台灣社會還有林懷民、黃春明、嚴長壽……等等典範存在。

多年來，只要林懷民先生接受媒體採訪或有關報導，我都會仔細看，其中令我感動或有共鳴的話語，我也會慎重地謄錄在我的筆記本裡，然後在我困頓、沮喪時，拿來反覆閱讀，以激勵自己不要灰心，鼓起勇氣再往前走。

他回想，一九八一年，雲門第一次到歐洲的巡迴表演，他說：

「那是九十天七十一城七十二場的恐怖之旅。天天坐三、四小時的巴士，下車，上課，上妝，演出；演完，卸妝，上車，昏睡，或者用衣服蒙著頭偷偷流淚。」

「在那個匱乏的時代，我們一無所有，除了肉身、夢想與執念。我們可以累死，可以痛哭，就是不許自己垮下來。每一場演出，我們都讓觀眾跳起來歡呼！每一場！」

「第一代雲門舞者如今都過了五十歲。老友聚會，談起舊事，當年的苦難變成自嘲或相互取笑的材料。有時依然含淚，卻是驕傲與尊嚴。」

林懷民珍惜朋友，他說：「我記得同甘共苦的伙伴，去過的地方，大多失憶。」我好喜歡他的比喻：「朋友看你忙得團團轉，笑你是個碟仙，他不曉得碟仙是許多手帶著手的。」

有一次林懷民帶著媽媽一起出國，他回憶在莫斯科地鐵站，母親大聲問他：「你急什麼？年紀這麼大了，這麼慌慌張張？」

我知道他的心情，那是一種趕路的心情，相對來說台灣人該多麼羨慕歐洲人的從容與自信啊！我也能體會，他在二十多歲成立雲門後，那些年的心情，他說：「那五年裡，我在教學、編舞、行政工作之外，抓住每個機會，參加政府召開的會議，努力進言，『專家學者』只是有關單位對外推諉卸責的擋箭牌，即使明白了這點，我仍願作胡適詩裡，那隻不討人喜歡的烏鴉。」

年輕時的熱情與衝動是單純的，因此，他說：「回顧前塵，不免為年少的天真與無知而失笑，而滴淚。」那種「別人有的我們一定也要有」的義無反顧，令人感動。他說其實成立舞團不是他的選擇，只是遇到了「一定」的同志，包括練舞時「一定」要撐在半空中的年輕舞者。

原來，使命感無關口號與意識形態，所謂堅持，只是努力生活，只是愛的實踐。我們是幸福的，如他所說：「有一塊可以愛，可以恨，可以為之生，為之死的土地，我是幸福的。」大概唯有像他一樣傾盡全力的人，可以安心地說：「明天死掉都無所謂，每天活著，也不太重要，不過既然活著，我就好好活著。如果沒有雲門的話，我應該可以過很安靜的日子，以前不可以，現在可以了，我可以過很簡單的日子。」

闔上筆記本，我看著書桌窗前在晨曦中逐漸清晰的觀音山，心想，在典範失落的年代裡，台灣幸好還有他在。

# 來自梭羅的啟示

我到森林裡，是因為我希望過著真實的生活，只去面對生活必要的部分，看我是否可以學會它所教導的，而不至於在我死的時候，發現自己沒有真正活過！

美國作家　梭羅

Henry David Thoreau

十九年前「荒野保護協會」成立，之後幾年在台灣各地陸續成立分會，記得當年在各地辦公室裡，我都將梭羅所講的這段話布置在牆上。我把「森林」兩個字改成「荒野」，不失文意也符合辦公室的迎賓獻詞。

梭羅的寫作方式常夾帶格言似的警語，所以他大概是最常被當代人引用的作者之一。

近年，我心裡常常浮現一個問題：「若梭羅活在現代，他的《湖濱散記》會怎麼寫？」

相對於科技與物質文明凌駕一切的今天，梭羅一百多年前生活的社會，還算單純、樸實，他如何能未卜先知，道盡當代人所面對的精神困境？

這樣的預知，讓梭羅的《湖濱散記》在近代愈來愈受世界重視。

這十多年來，我在逛書店或者二手書店、跳蚤市場時，只要看到《湖濱散記》的譯本就會購買，不知不覺也買了將近二十種不同出版社的翻譯版本。

或許是因為我這些年不斷重新閱讀《湖濱散記》的緣故吧！我的真實生活好像愈來愈像他了。

我住在台北近郊的山上，就如同他的湖邊小屋——雖然在森林，其實離城鎮不遠；也如同他常常讚頌獨處，我一樣需要大量的獨處時間；也像他的小木屋，我家常常高朋滿座。

梭羅說：「當一個人離群索居時，才可能體會出生命的意義。」我同意，因為孤獨是必要的，因為孤獨可以使生命恢復完整，可以讓我們回到自我的根源，求得身心安頓。

不過對忙碌的現代人來說，不見得真的要像他那樣，花個二年時間跑到森林隱居，我們只要給自己保留一小段，不受任何訊息干擾的獨處時刻，主要用以調整心情，從人群雜遝的廣場退回陽台，或者從舞台上走到台下回觀自己，不必真的脫離人群，而是在「入乎其內，出乎其外」之間保持平衡。

想起最近描述青少年叛逆的電視劇《刺蝟男孩》，很多人特立獨行，刻意顯示自己與眾不同。

其實花費心力刻意包裝自己、對抗流俗，反而是一種矯情，不若在人群中能隨順因緣，該隨俗處且從俗，但又能自在地保有自己的特色。或者應該像《金剛經》裡提到的「應無所住而生其心」，不排斥但也不執著、不留連，看到自己的情緒升起，也讓情緒過去。

隨著科技的進步，我們創造了許多東西，人的力量似乎無遠弗屆，地球上任何可以開發利用的物資，都納入全球經濟體系的一環，我們正活在一個物質太過豐盛的時代裡，各國政府甚至因為擔心經濟蕭條，無不鼓勵消費以確保經濟發展。

當每一個人都陷入了拚命工作、拚命消費的循環時，其實也逐漸喪失了對生活的感受能力，造成了物質愈豐盛，但是精神和心靈卻愈空虛的現象。

換句話說，我們愈富足卻愈不滿足。

當一個人不斷購物、不斷想擁有更多時，浪費的其實不是金錢，而是時間。然而時間就是生命，我們用生命換來的那些物品，是我們真正想要的嗎？

梭羅提醒世人：「當我們蓋了穀倉，穀倉就是我們的監獄。」的確，當我們家中藏了許多金銀財寶時，恐怕也不敢出門旅行了。泰戈爾也說過：「一個人擁有什麼，他的限制也就在那裡。」就像我們出國旅行，若身上帶了太多行李，大概無法盡興地遊賞了。

人生像是一趟旅行，當我們心力都花在追求財貨，當然沒辦法照顧到精神與心靈的需求，也將錯失生命給我們的啟示了！

# 忘記名字，以便被命名

遮住臉孔，以便現身；忘記名字，以便被命名；
而保護過去，是為了迎向未來。

墨西哥游擊隊領袖　馬訶士
Marcos

這是一篇歡迎詞的一段話，雖然作者署名馬訶士，但是沒有人知道馬訶士是誰，他是墨西哥叢林裡游擊隊領袖，對外發言時始終蒙面，而游擊隊所有人都自稱馬訶士。

在這個重視個人行銷的時代，這種作為是非常不可思議的，這年頭所有極盡誇張之行徑，不就是人們想要一夕暴紅嗎？不管好名或壞名，只求大家注意，以及隨之而來的利益！

「不孝有三，無後為大」，不就是害怕自己的姓名無法傳衍下去嗎？古人所謂三不朽：立德、立功、立言，也是盼望自己的名字可以流傳萬古。

怎麼有人遮住臉孔，沒有名字呢？

佛教經典經常記載，佛陀曾在累累不盡的歲月中，化身各種身分來點化世人，我對這種說法很著迷，但那畢竟是相當久遠以前的事了。因此，馬訶士的游擊隊，這一個當代傳奇就更加可貴了。

他們是貨真價實的游擊隊，是不法的叛亂分子，處在被緝捕或直接射殺的危險中。這個成立於一九八六年，以原住民為主體的武裝團體，自稱為「查巴達民族解放軍」，十多年來與墨西哥政府對抗，至少有數百人喪生。

他們透過網路、電子信件，用詩與童話故事，塑造出如流行歌手一般的魅力，有關游擊隊的網站超過五千個，文章也以十多種語言在全世界流傳。游擊隊正拿著槍在打仗，可是以他們的肖像做的T恤、明信片、鑰匙圈、以及小玩偶，已成時髦的流行商品。

游擊隊的領袖是馬訶士，卻自稱為副總司令（他們從來沒有總司令），這個游擊隊所有人都蒙面，一律戴黑色滑雪面罩、紅領巾。在一九九四年元旦，這群據說有三千人的蒙面軍，突然一舉攻占了墨西哥的六個城鎮，在此之前，他們的名字沒有多少人知道，當時一舉成名，震驚全世界。

當全世界媒體回過神來，想瞭解「查巴達游擊隊」是何方神聖，人們驚訝，在墨西哥的叢林裡，一個沒水沒電、沒有醫療與教育設施的原始地區，游擊隊居然透過網路，向全世界發聲。

馬訶士——一個游擊詩人，一個一手拿槍、一手拿筆的詩人。一九九五年起至一九九八年，墨西哥政府軍隊多次大舉入侵這個原住民自治區，雙方戰鬥，死傷無數，但是馬訶士透過他的詩與童話，已經獲得大部分墨西哥人民與國際輿論的支持。

二〇〇一年三月，一個蒙面的游擊隊領袖，在數十萬民眾的歡呼聲中，登上總統府前的講台發表演說，並且與政府簽訂和約。然後，馬訶士回到叢林部落，實踐並摸索著原住民自治的種種可能。

他不想要奪權，成為總統或部長，雖然他可以。他實踐了自己所說的：「遮住臉孔，以便現身；忘記名字，以便被命名。」

馬訶士是我的偶像，據說他也是許多有知識、有理想的女性的偶像。他始終蒙面，沒有人知道他長得怎樣，沒有人知道他的真實姓名。他繼續用他的筆，為印地安原住民發聲。

# 現實的理想主義者

當我堅持信念時，他們就稱我為浪漫主義者。

美國攝影大師　尤金・史密斯 Eugene Smith

尤金．史密斯是一個報導攝影記者，他在日本小漁村住了四年半，揭發了一家工廠排放含有水銀的廢水汙染，這也是二十世紀全世界最大的公害案例和水銀中毒事件。他在調查期間，被工廠派出的打手差一點打死，在醫院急救了好幾個月，可是他依舊不屈不撓，堅持信念，完成報導。

尤金．史密斯這一段話，我幾十年來一直忘不了，因為從學生時代起，我就常被同學們以「浪漫的理想主義者」稱之，可是我覺得很冤枉，因為我認為我的每個所謂的「理想」，都是切實可行的，基本上我是個很實際的人，做事講求效率，怎麼會被誤以為是不食人間煙火的浪漫的理想主義者？

至今，多年不見的老同學或久未往來的朋友，得知我年紀一把卻仍在社團中奔波，仍堅持不隨著「撈金」行業多賺些錢，紛紛搖頭說：「不改理想主義個性。」但是跟我一起努力的伙伴，卻說我是現實主義者，因為我的每個構想、每個步驟，都是可以達成的，而且效率及效益都很好。

這兩種極端不相容，好像對立的屬性，我從來不認為是矛盾的，因此，我會稱呼自己是個「現實的理想主義者」。

人一定得現實，因為你得先活下來才能談到其他事，可是活下來不只是跟隨眾人苟延殘喘，應該朝著理想前進。如何兼顧所謂的理想與現實？我始終認為「技術問題一定可以解決」。

因此，我從來不認為有什麼好為理想掙扎的。有時候，一些年輕的朋友會自尋煩惱地徘徊於「理想」與「現實」之間，我覺得這些大概都是「為賦新詞強說愁」之類的無病呻吟。我之所以認為「技術問題一定可以解決」，也願意去面對問題，來自於我了解人心的軟弱與黑暗面，所以盡量不去指責批判對我不友善，甚至懷有惡意的人，盡量不讓挫折干擾我的情緒。

很多年前，曾經看到專門出版兒童讀物的「小魯出版社」社長陳衛平先生寫給他們社裡出國進修的同事的一封信：

「理想是必須的，但實踐理想的方法卻是迂迴的、妥協的，甚至是委屈的。在古代，知識份子要為天下蒼生做點事，往往要通過忠君來實現，那個君是聖賢還是混蛋，你都得忠，不然就要革命、造反。在現代，表面上看起來多元化了，但實際上往往要透過企業化、商品化的手段來實踐一些想法。然而人海茫茫，升沉孰易，這中間難道不也是有無限委屈嗎？做出版，要與小稅吏錙銖必較、要和中盤商斤斤計較、要和媒體週旋、要和業務的貪婪挑戰、要面對製造商的因循苟且、要圖破同業唯利是圖的競爭……擁抱它們無非是為了委屈地實踐一些理念，其間並無特別矛盾之處。但每當我面向這些俗務之際，也會興起不如歸去的感慨。可是人世間本來就如此，萬法唯心，沒有修練，眼中何來淨土？現實與理想本來就該有落差的，否則我們就不必努力了，不是嗎？」

這段文字讓我非常感動，也非常感慨，其實我已經很久不敢講「理想」這兩個字，說理想太沉重了。不過，我算是十足的「實效主義」，為了達到某些想法，總會想法子找到可能的途徑。我也不太敢用「執著」這麼神聖的名詞，只是我知道單獨的活動不足以成事，所以總是持續做每一件值得做的事。

我不認為理直的人，氣一定得壯，因為歷史告訴我們，逞英雄的人，一定是悲劇下場（所謂悲劇英雄是也），悲劇英雄是做不了任何事情的。對於一個「實效主義」者，完成事情最重要，逞英雄、做明星、做聖人，成就一些虛名是完全沒意義的。

因此，為了達成一個良善的想法，為了推動某些觀念，我們有時候也得迂迴，有時候也得妥協，因為形勢比人強，是非與真理要靠人的力量才能實現，在沒有力量的狀況下，是非與真理對現實並沒有幫助。但是，必須注意在迂迴、妥協的時候，得非常謹慎，不要忘記了我們原先的堅持與想法。

很多年來，我不再為自己訂目標，不再侈言理想使命，我只是要求自己做對的事情。我對未來，只有方向，希望每天能朝這方向前進一些些。我不給自己壓力，每天只做自己能做的事，每天只想自己能做的事，所以我不會徬徨於理想或現實，我不認為這是對立的，必須二擇一。

當我很實際地一天天往前走，驀然回首，年少的想望在不經意中都實現了。

VIEW 系列 019

# 給自己最好的禮物：李偉文最想與你分享的60句話

作　者—李偉文
主　編—顏少鵬
責任編輯—麥淑儀
責任企畫—張育瑄
美術設計—吳雅惠
總 編 輯—李采洪
董 事 長—趙政岷
出 版 者—時報文化出版企業股份有限公司
一〇八〇一九 台北市和平西路三段二四〇號三樓
發行專線—（〇二）二三〇六—六八四二
讀者服務專線—〇八〇〇—二三一—七〇五・（〇二）二三〇四—七一〇三
讀者服務傳真—（〇二）二三〇四—六八五八
郵撥—一九三四—四七二四時報文化出版公司
信箱—一〇八九九臺北華江橋郵局第九九信箱
時報悅讀網—http://www.readingtimes.com.tw
讀者服務信箱—newstudy@readingtimes.com.tw
時報出版愛讀者粉絲團—http://www.facebook.com/readingtimes.2
法律顧問—理律法律事務所 陳長文律師、李念祖律師
印　刷—盈昌印刷有限公司
初版一刷—二〇一三年十二月二十日
初版七刷—二〇二〇年七月二十三日
定　價—新台幣二八〇元



給自己最好的禮物：李偉文最想與你分享的60句話
／李偉文著. --
初版. -- 臺北市：時報文化, 2013.12
面；　公分. --（VIEW；19）

ISBN 978-957-13-5870-3（平裝）
1.格言

192.8　　102024844

ISBN 978-957-13-5870-3
Printed in Taiwan